我们一起解决问题

视频号运营变现

一本通

黄玉秀 著

人民邮电出版社

北　京

图书在版编目（CIP）数据

视频号运营变现一本通 / 黄玉秀著. -- 北京 : 人
民邮电出版社，2024. -- ISBN 978-7-115-65152-5

Ⅰ. F713.365.2

中国国家版本馆 CIP 数据核字第 20243NB592 号

内 容 提 要

自 2020 年上线至今，视频号经过多年的迭代已日趋成熟，出现了很多新
功能和新玩法。而且，近年来流量获取方式及营销模式都发生了显著的变化。
那么，个人和企业如何拥抱变化，用好视频号呢？

本书共 5 章。第 1 章介绍了视频号平台的独有特点、商业变现机会，以及
视频号运营要避免的误区，强调了运营好视频号可以发挥的巨大作用，以及需
要注意的事项。第 2 章到第 4 章主要介绍了视频号的账号搭建、运营和产品变
现。通过学习这 3 章内容，读者能够掌握如何运营视频号，以及在视频号中营
销推广现有的产品。第 5 章深入探讨了实体企业面临的困境，详细介绍了实体
企业运营视频号的策略，分享了通过视频号提升销售业绩的方法，以及搭建和
管理高效短视频内容团队的方法。总之，本书旨在帮助读者更好地运营视频
号，为实现视频号变现提供有力的支持和指导。

本书适合希望用好视频号的内容创作者、营销与广告从业者、企业家、创
业者，以及对新兴社交媒体感兴趣的读者阅读。

◆ 著　　黄玉秀
　　责任编辑　张国才
　　责任印制　彭志环
◆ 人民邮电出版社出版发行　　北京市丰台区成寿寺路 11 号
　邮编 100164　电子邮件 315@ptpress.com.cn
　网址 https://www.ptpress.com.cn
　大厂回族自治县聚鑫印刷有限责任公司印刷
◆ 开本：880×1230　1/32
　印张：6.75　　　　　　　　　2024 年 9 月第 1 版
　字数：120 千字　　　　　　　2024 年 9 月河北第 1 次印刷

定　价：59.80 元

读者服务热线：（010）81055656　印装质量热线：（010）81055316
反盗版热线：（010）81055315

广告经营许可证：京东市监广登字 20170147 号

序

2012 年毕业至今，我从事产品经理工作已经 12 年了。2014—2016 年，我就职于搜狐公司。在此期间，我深入理解了一个媒体平台对于用户的价值，那时用户还习惯在 PC 端看信息。搜狐通过积累用户，为不同类型的用户提供包括汽车、房产和新闻在内的多样化内容，从而实现商业价值。

2016 年，我加入了汽车之家。与搜狐不同，汽车之家是一家汽车垂类门户网站，该平台吸引了国内大多数车主和潜在购车用户。当时，我所在的经销商部主要为汽车厂商及经销商提供以销售线索为目标的商业产品。为了满足用户的需求，我们会每年规划新的产品。我们清晰地意识到，传统的 PC 端硬广和专题页产品形式已经不能满足厂商和经销商的需求，所以我们开始探索新的业务模式。

最初，我们开发了"家家试驾"平台，它是一个撮合用户和车主的平台，类似现在的滴滴。我们想做的场景是潜在购车用户可以在上下班路上实现顺风试驾，从而使其全面了解意向车型。最终，我们通过为厂商及经销商提供精准的购车线索来实现我们的商业目标。然而，由于投入预算较大且需要时间招募车主，该产品在上线几个月后无法实现商业目标。为了团队，我们决定尝试转型做以直播内容为主的产品。

2017年，直播行业以秀场形式、打赏的商业模式为主。我们尝试通过做直播及利用汽车之家的平台资源为汽车厂商和经销商提供内容营销服务。这是公司的创新业务，我们从2017年下半年开始做产品规划和落地，到当年12月底就完成了公司设定的KPI。后来，每年业绩都有指数级的增长，团队从最初的4个人扩大到近百人的规模，我们也荣获了很多奖项，成为公司里的优秀团队。在这个过程中，我们每个人都很有成就感。

为什么当时我们能转型成功呢？这得益于营销方式的变化。过去，汽车厂商和经销商主要通过购买汽车之家等媒体平台的硬广资源来收集销售线索。然而，在内容视频化的发展趋势下，用户逐渐从看静态网页转向看视频，我们的团队紧跟这个趋势，迎上了汽车领域直播的风口。

随着抖音、快手等短视频平台的迅速崛起，无论老年人还是年轻人，他们在闲暇之余都会拿出手机，沉浸在抖音、快手等短视频平台的精彩视频中。各个平台的创作者数量逐渐增长，很多有一技之长的普通人通过短视频平台获得了丰厚的收入。

这个现象表明：流量的模式已经发生了翻天覆地的转变。过去，流量主要集中在 PC 端。后来，移动端兴起，流量集中在 App 和 H5 端。现在，视频内容成了新的流量聚集地。搜索平台、电商平台的用户逐渐被内容平台吸引走了。例如，现在用户有搜索的需求时习惯去抖音或小红书平台。用户的习惯发生了显著变化，其背后的商业模式也会随之发生变革。这种变革不仅影响了内容的传播方式，而且重塑了营销和商业模式。

尤其是对于从事传统行业的商家而言，他们原本依赖本地客户和实体店铺开展经营，客户一般是熟人、老顾客。然而，随着消费者逐渐转向互联网平台，这些商家通过老客户做生意的模式开始面临挑战。众多实体店商家开始尝试直播，以适应消费者购物习惯的变化。这种变化不仅影响了消费者的购物行为，也促使商家在运营过程中不断调整和优化商业模式。

2021 年，当我写自己的第一本书《视频号高阶运营》时，身边的朋友还不太理解，问我为什么写视频号的书。他们很熟悉抖音、快手这样的平台，而视频号是腾讯推出的新产品，很多人还未完全了解视频号的潜力和魅力。然而，随着视频号的迭代及微信生态的优势愈发显著，视频号逐渐成为实体行业营销的重要阵地，给商家带来了新的商业价值。

以我自身的经历为例。我从 2020 年开始做自媒体，一直喜欢写作，平时也有写日记的习惯。因此，我首先尝试运营公众号，用文字记录生活与感悟。

作为一名产品经理，我深知表达能力的重要性。有时我心里有很多想法，却感觉难以用简洁明了的语言阐述出来。为了提升自己的表达能力，我报名参加了一个演讲培训班。在培训过程中，老师多次提及视频号的潜力和前景。当时的我对此还一知半解，但出于对产品的好奇和对自我表达的渴望，我决定尝试通过视频号表达自己写的公众号内容。

最初，我的目的是锻炼自己的表达能力，并未过多考虑变现。然而，随着对视频号的深入了解和实践，我逐渐发现可以尝试不同的变现方式。我尝试过付费社群、课程、广告等方式，并将在工作中做产品的方法运用到视频号的运营中。在这个过程中，我经常思考：如果有一天不在职场，我能做什么养活自己呢？

在运营视频号时，我参加了以视频号为主题的各类活动。我曾撰写一篇讲述如何用产品思维打造视频号的文章，发表到人人都是产品经理平台。正是因为这篇文章，人民邮电出版社的策划编辑张老师找到我写书。因为我自己也有写书的计划，所以我们很快达成了合作意向。

2021 年 8 月，我的第一本书出版。后来，我有幸与多家企业和机构合作，为其提供视频号运营培训。在这个过程中，我深刻地感受到了通过自媒体表达想法的重要性。

通过 4 年的自媒体运营、写书及课程合作，我不仅积累了一定的经验，而且找到了自我价值。在与客户接触的过程中，我发现许多传统行业的客户对产品思维的理解十分有限，更不知道如何通过短视频内容为自己的产品赋能。因为我是一名产品经理，有为公司做内容产品及自己做内容的经历，所以这一刻我深感自己的使命重大。

刚过 35 岁生日，今年我送给自己的生日礼物是自由。我决定从职场出来做自己想做的事情：专注于为企业提供视频号及微信生态下的培训服务。我相信，更多企业通过我的努力和专业指导能够解锁视频号运营的奥秘，实现品牌和产品价值的最大化。

写作本书的理由

（1）视频号平台迭代新的功能和运营新玩法

2020 年是视频号上线的第一年，平台刚刚搭建起短视频和直播的基础功能，而广告互选平台、视频号助手等功能尚未完善。随着视频号的不断迭代，无论产品功能还是运营策略，视频号都已日趋成熟。尽管在广告投放的精准度上，视频号可能还有不足，但它正朝着越来越专业的方向发展。

本书将为读者呈现视频号的新功能和新玩法，同时探讨如何将视频号与微信、社群及视频号小店等业务有效地串联起来。在本书中，读者将了解到如何结合微信生态激活老客户并提振现有业务。

例如，本书第 1 章将向读者介绍视频号平台的独有特点、商业变现机会，以及视频号运营要避免的误区；视频号可以替代传统销售渠道，成为产品推广的新渠道，做好了甚至可以节省广告费用；在运营视频号时，创作者不应过分追求数据繁荣，而应更注重用户的忠诚度。

（2）流量获取方式在变化，营销模式在重构

从 PC 时代到移动时代，再到如今的短视频时代，营销模式的演变清晰可见。最初，我们在 PC 端依赖硬广，随后

直播和短视频等平台兴起，新兴的平台如小红书、视频号等正在改变用户的搜索和购买习惯。

用户行为的变化引导着营销的方向。正如周鸿祎在他的直播中所强调的："用户在哪里，我们就要去哪里。"他制作短视频，通过打造个人 IP 吸引流量，为自己的 AI 大模型等新业务赋能。

所以，在流量获取方式和营销模式都发生变化的时代，无论企业创始人还是营销人员，都需要思考如何在新时代中破局，如何转变思路以适应用户的变化，并推动业务持续发展，这是一个值得所有人深思的问题。本书第 2 章到第 4 章主要介绍视频号的账号搭建、运营、产品变现三大方面的内容。我相信通过学习这 3 章，读者能够掌握如何运营视频号，以及如何在视频号中营销推广现有的产品。

（3）实体行业面临的困境

随着流量获取方式和营销模式的变化，实体行业面临着前所未有的挑战。由于实体行业平时与互联网的连接相对薄弱，并且主要聚焦于产品生产，因此在适应新环境时显得更困难。

2024 年 5 月，我参加了第 14 届中国（永康）国际门业博览会，对实体行业面临的困境深有体会。在参观多家门业厂商的工厂时，我发现其技术和产品都做得相当出色，但营销没有跟上，厂商急于寻找新的突破口。这让我有所思考：无论产品如何优秀，如果营销方式跟不上时代的步伐，那么这些产品也难以被潜在客户看到。

许多实体行业从业者已经意识到流量的重要性，并希望通过线上运营的方式售卖自己的产品。然而，他们往往不知如何开始，在运营视频号过程中不知道如何获得流量。这时，找准方向是至关重要的。通过微信生态下的视频号、社群、视频号小店及公众号等工具，实体行业从业者可以有效地整合资源，提升品牌影响力。只要能够巧妙地将这些工具结合起来并加以运用，就有可能在激烈的竞争中脱颖而出。

其实，实现这个目标并不难，关键在于思维的转变。实体行业从业者需要摒弃传统的营销观念，积极拥抱互联网和新媒体，从而创新实体行业的营销方式。本书第 5 章将深入探讨实体企业面临的困境，提出有效的破局策略，并详细介绍实体企业运营视频号的策略，探讨如何制作高质量、吸引人的视频内容。此外，第 5 章还会分享通过视频号提升销售业绩的方法，帮助实体行业从业者扩大影响力，吸引更多潜在客户；阐述如何搭建和管理一个高效的短视频内容团队，以确保内容创作的持续性和质量，为实体行业从业者提供有力的支持和指导。

本书汇集了内容创作者运营视频号时常遇到的问题及个人实践经验。我衷心希望，本书能够成为视频号运营人员的宝贵指南。

最后，我衷心感谢微信团队研发的视频号产品。如果没有视频号这样的产品，我的作品可能就没有机会被如此多的人看见。同时，也正是因为视频号，我发现了自己对内容创作的热爱，深刻地体会到运营视频号就是在运营自己——通过视频号真实地表达自己，展示自己的优势。总之，每一期视频都是我内心世界的真实写照，每个产品的设计都能代表我的初心。

黄玉秀

2024 年 6 月 3 日

目录

第 **1** 章

趁早入局视频号

视频号是微信平台在 2020 年上线的新功能。随着视频号功能的不断迭代和商业变现能力的不断提升，微信平台已不仅仅是社交工具，它也日渐成为用户不可或缺的商业基础设施。许多企业积极学习如何通过微信生态做数字化转型，甚至将其视为业务转型的救命稻草。企业通过视频号运营，将微信平台的公众号、微信小商店等功能结合起来应用。这些企业在探索中展现了多元化的需求，同时也对微信寄予了更高的期待。

2021 年，我推出了自己的第一本书《视频号高阶运营》。当时，视频号对于大众来说还是一个陌生的短视频平台，有朋友不理解我为什么写关于视频号的书。而到了 2024 年，随着越来越多的人涉足视频号领域，向我咨询相关业务的人也日益增多。

作为产品经理，如果能做出像视频号这样成功的产品，那是很幸运的。

从产品迭代的角度看，视频号自 2020 年内测起，不断在功能与生态上进行完善。从与企业微信的互联互通到视频号原生广告的推出，再到直播信用体系的建立及带货直播激励政策的实施，每一步都体现了视频号完善的生态治理与商业能力。这些迭代不仅为用户带来了全新的体验，而且让视频号成为产品营销与企业运营的优选平台。

从内容生态的角度看，视频号上的内容创作者群体正在快速增长。粉丝数在 1 万以上的创作者数量已实现数倍的增长，这个显著的增长趋势反映了视频号正吸引着越来越多的创作者，他们在这里创作、分享，进而吸引更多的用户。正是这些源源不断产生的优质内容构成了视频号吸引用户、推动消费的核心动力，为视频号构建了完整的商业闭环。

从商业价值的角度看，历经 4 年的积淀，视频号的商业化道路越来越广，已经成为微信事业部的明星产品。腾讯公布的 2024 年第一季度财报显示"视频号总用户使用时长同比增长超 80%"，表明大部分用户已经习惯在视频号上看视频。受视频号、小程序、公众号的增长拉动，视频号联动网络广告业务毛利率由 2023 年同期的 42% 提升至 55%，金融科技及企业服务业务毛利率由 2023 年同期的 34% 提升至 46%。作为腾讯的明星产品，视频号是全公司的希望，带动了公司内部各业务增长。

因此，不论你是个人创作者还是企业团队，如果你的产品成熟，并且已经积累了很多客户，那么你一定要重视视频号的运营。你不仅要关注短视频的运营，而且要以视频为核心提升产品和服务质量。其中，公私域联动的运营模式正成为现在的主流运营趋势，视频号不仅能有效打通私域流量，还能提升个人或企业的品牌影响力，进而获取更多的公域流量。这种公私域之间的流量互动形成了持续循环的用户流动体系，给创作者和企业带来了发展机遇。

1.1　重新认识视频号，提早做商业布局

本节主要介绍视频号平台的独有特点、视频号商业变现的 4 大机会、视频号的流量来源及视频号运营要避免的 3 大误区。通过学习本节的内容，创作者对视频号会有一个新的认知。

1.1.1　视频号平台的独有特点

与其他短视频平台相比，视频号有哪些特点呢？

（1）视频号是微信平台的子功能，不用单独下载安装

与抖音、小红书等短视频平台相比，视频号不需要单独下载 App，其入口如图 1-1 所示。

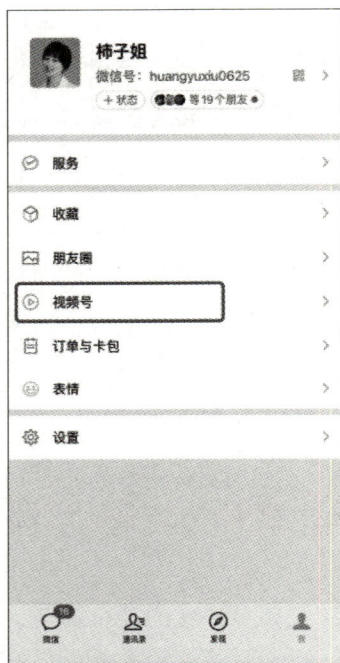

图 1-1　视频号在微信 App 的入口

　　视频号基于微信这个国民级应用，拥有庞大的用户基础。更重要的是在微信生态系统内，视频号可以触及多个高流量的渠道，如公众号、看一看、搜一搜、小程序等。这些功能在微信环境下已经非常成熟，并且各自积累了大量的用户。每当发布新的视频内容时，创作者可以通过这些多样化的渠道迅速传播视频。例如，创作者将发布的视频分享至朋友圈时，能够显著提高用户的参与感和视频的可见度。这种综合性的推广方式不仅优化了用户体验，也大幅提升了视频内容的曝光率。

（2）社交属性强，内容具有真实性

视频号是展现个人魅力与品牌价值的关键平台。与抖音、快手等短视频平台相比，视频号因隶属于微信这个强大的社交平台，具有独特的社交基因。创作者能看到微信好友点赞过的视频。如果创作者发布视频，也可以看到为这条视频点赞的好友，如图 1-2 所示。正是由于这种社交特性，视频号的内容更具真实性。

图 1-2　好友为视频点赞

在视频号上，每一条内容都是建立信任关系的桥梁。真实的内容不仅能够凸显创作者的专业性，以及所提供产品或服务的真实性，更能在用户心中建立坚实的信任基础，给创作者带来更多的资源和机会。相反，如果创作者发布的内容都是经过包装的，那么不仅内容制作成本高，而且创作者很难长久坚持输出内容。

（3）视频号与私域流量的结合

在内容驱动的时代，无论是实体行业还是个人内容创作者，吸引私域流量（构建私域社群）都至关重要。这不仅是提升个人或品牌影响力的重要途径，而且是实现商业变现的利器。

创作者发布新视频后，可以将内容快速分享至已建立的私域社群，确保私域社群成员能即时看到其发布的内容。这种即时的内容共享不仅展示了创作者的持续创新和迭代能力，还能逐渐深化用户对创作者的信任。

值得一提的是，视频号的推荐系统特别重视社交推荐。如果创作者的内容在朋友圈中获得较高的点赞率，将大幅提升内容的可见度。随着私域用户数量的逐步增加和内容的不断优化，创作者可以利用这些私域资源进一步提升内容的曝光率。

对于在视频号上还没有基础用户的创作者而言，微信好友和私域社群是不错的起点，能助力其视频号实现冷启动。在私域运营的过程中，创作者不仅要推广具体的产品和优惠，而且要持续更新和优化内容。通过不断向用户展示服务和产品的最新进展，创作者能够逐步增强用户的信任感，从而与其建立稳固的用户关系。

总之，视频号与私域流量的紧密结合为创作者在微信生态中提供了快速成长和变现的舞台。创作者应当深刻认识到这个优势，并精心培育和发展自己的私域流量，以实现商业价值的最大化。

1.1.2　视频号商业变现的 4 大机会

视频号作为微信生态的重要组成部分，凭借独特的优势和巨大的用户基础为创作者和商家提供了以下 4 大商业变现机会。

（1）原创内容的扶持与创作者的机遇

视频号鼓励真人出镜、原创内容，并重点扶持泛知识、泛生活、泛资讯方向的内容。对于创作者而言，这些内容意味着更多的曝光机会和潜在收益。同时，视频号还投入大量资源扶持新人，通过提供冷启动流量包等帮助新人快速成长。这为想在视频号上发展的创作者提供了难得的机遇。

（2）视频号＋公众号的运营新方式

视频号与公众号的互通，为微信生态内的创作者和商家提供了更多的运营策略选择。通过视频号＋公众号的组合运营，创作者和商家可以构建更丰富的内容生态，实现内容引流和用户沉淀的双重目标。这种运营模式有助于提升用户的黏性和活跃度，进而为创作者和商家带来更多的商业机会。

（3）多样化的变现模式

视频号提供了多种变现模式，如短视频带货、直播＋电商、直播打赏等。这些模式为创作者和商家提供了灵活的变现方式。例如，通过短视频带货，商家可以展示产品特点和使用场景，激发消费者的购买欲望；通过直播＋电商的模式，商家可以实时与消费者互动，提高销售转化率；而直播打赏则为创作者提供了额外的收入来源。

（4）企业营销的新阵地

随着视频号用户使用时长的不断增长和电商节奏的加快，越来越多的品牌商家开始将视频号视为营销的新阵地。通过拓展商品品类和激励更多创作者参与直播带货，视频号正逐渐加强其直播带货生态的建设。对于商家而言，这意味着更多的销售渠道和品牌推广机会。同时，视频号还为企业提供了岗位增加和就业机会增多的可能，如新媒体运营、编导、策划等岗位的需求不断增加。

总之，视频号凭借其独特的优势和巨大的用户基础，为创作者和商家提供了丰富的商业机会。从吸引年轻用户群体的直播演唱会到扶持原创内容的政策倾斜，再到多样化的变现模式和企业营销的新阵地，视频号正逐渐成为创作者和商家争相入驻的重要平台。

1.1.3　视频号的主要推荐机制

视频号与其他平台的推荐机制有明显的差异，创作者不能用运营抖音等平台的方法运营视频号。差异主要体现在以下几个方面。

（1）微信好友的点赞与分享

视频号点赞有大拇指点赞和爱心点赞，在功能和作用上存在明显的区别。

大拇指点赞通常用于表示对视频内容的认可和赞赏，这是一种基本的互动方式。只有用户和创作者能看到，不会出现在朋友的爱心列表中。

爱心点赞则更多地表达了用户对内容的热爱和深切喜欢，以及对创作者的支持和鼓励。爱心点赞会被公开，出现在朋友的爱心列表中，并且会在微信发现页面收到提醒。

创作者发布视频后，一般会将其转发到朋友圈，让微信好友第一时间看见。微信好友的爱心点赞（见图 1-3）能够让发布的视频得到广泛传播。即使点赞者与创作者不是好友关系，他们也能看到该视频。这种机制类似于一种隐形的转发，能够进一步扩大视频的受众范围。

图 1-3　微信好友的爱心点赞

视频号的推荐系统会密切关注视频的点赞率。当点赞数较高时，平台会倾向于认为该视频内容具有较高的质量，并为其提供更多流量支持。好友的点赞行为能推动视频的广泛传播，吸引更多流量。

（2）与公众号关联

有些创作者经常会问："现在还应该做公众号吗？还有人会看图文内容吗？"虽然现在用户习惯看视频，但也有许多用户喜欢图文这种形式。视频不能代替图文，它们各有优势。关注公众号的用户一般认可创作者的公众号内容，对创作者有一定的信任基础。所以，如果创作者将公众号与视频号关联，用户在浏览公众号内容时可以进入视频号主页。这种流量导入方式给视频号带来了曝光机会，对于已经拥有一定用户基础的公众号创作者来说是有利的，其可以将公众号作为视频号冷启动的基础。

（3）关键词和标签的使用

在创作视频的过程中，深入了解目标用户的搜索习惯和偏好至关重要，这能帮助创作者精准地设计视频标签。当视频标签与用户搜索的关键词高度一致时，创作者的视频就能在海量内容中脱颖而出，被优先展示给用户。

以我的账号为例，我制作的视频是与人工智能（Artificial

Intelligence，AI）相关的，我在发布视频时会在话题的标签中加入"AI"，如果这期视频在同一标签下的点赞数排在前列，那么用户在搜索与 AI 相关的关键词时就能优先看到该视频。这种利用关键词和标签吸引流量的策略，虽然初期效果可能并不明显，但随着时间的推移，它将持续带来精准的用户。

因此，每次发布视频时，创作者都应精心选择关键词和标签，确保发布的内容能在合适的时机以最好的方式展示给目标用户。

1.1.4　视频号运营要避免的 3 大误区

许多创作者在进行视频号内容创作时容易陷入一些误区。下面，我将指出这些常见的误区，并提供一些建议。

（1）认为用户数量越大，变现就会越多

有一类创作者没有现成的产品和服务，他们认为应在积累大量的用户后才开始规划产品或服务，但实际上变现多少并不与用户数量直接成正比。有些创作者即使拥有数万用户，但缺乏好的产品，变现仍会受限。相反，一些创作者把产品和服务做得非常扎实，即使只有几百用户，也能很好地变现。我的建议是当创作者有稳定的内容输出、明确了变现方向，并且拥有一定数量的用户后，例如先以 1000 个用户

为目标，可以开始梳理并尝试推广自己的产品和服务。利用现有流量验证产品和服务的市场接受度，既可以测试产品和服务是否与目标用户相契合，也能在小范围内及时发现问题并进行相应的改进。

（2）等到完全做好准备，才开始运营

有些创作者想做视频号已经想了很久，并且购买了相关的拍摄设备，甚至报班学习，但一直认为自己没准备好，迟迟没有开始。在当今互联网产品快速迭代的时代，互联网公司在设计开发一款产品时，一旦有了新的想法，就会制作出产品原型并进行小规模的测试验证；不会等到所有条件都具备了再开始，而是通过不断实践来摸索和调整。视频号运营与产品开发有相似的逻辑，通过持续更新内容，创作者能够了解自身的优势与不足，从而快速迭代，逐步掌握制作优质内容的诀窍。

（3）认为矩阵账号越多，效果就会越好

我在为客户提供咨询服务时，有些客户会问是否要做矩阵账号，做多少个账号合适。我的建议是在视频号运营的初期集中精力运营 1～2 个账号，在精炼内容、打磨团队和完善产品与服务后再考虑做矩阵账号。此外，发布的内容应保持统一，避免过于繁杂，以至影响用户的关注动力。因此，创作者要力求内容垂直化，确保明确的主题贯穿其中。

在为智能家居行业的客户进行策划时，我建议他们同时运营 2 个账号：一个是门店账号，另一个是技术咨询类账号。门店账号主要用于发布门店的介绍、产品详情及门店的各类活动信息。这类内容旨在展示门店的形象，吸引潜在用户的关注，并促进他们到店体验或购买产品。技术咨询类账号则发布关于智能家居技术的专业内容，包括回答用户的问题、分享技术人员服务用户的实际案例，以及普及智能家居的相关知识和技术。

由于智能家居行业的技术门槛相对较高，这样的账号不仅能帮助用户更深入地了解智能家居的专业知识，还能展示其在该领域的技术实力和服务能力。双账号的运营策略不仅能更全面地展示智能家居产品的特色和技术优势，还能有效地吸引和转化目标用户，从而推动业务的发展和品牌的提升。

1.2　了解微信生态构成，找准业务定位

本节主要介绍微信的生态构成，哪些人适合做视频号，以及确定视频号在微信生态中的定位。通过学习本节内容，我相信创作者能够对自己的业务进行初步评估和定位，为运营视频号打好基础。

1.2.1　微信的生态构成

微信的生态主要由以下几个部分构成。

（1）视频号平台

作为微信生态中的一环，视频号平台提供短视频内容，吸引用户的注意力，并通过内容促进用户下单和进行私域运营。视频号平台主要发布两类内容：一类是与提升品牌影响力相关的内容，一般会发企业或个人的创业故事、行业或企业会议直播、用户故事等内容；另一类是与产品变现相关的内容，一般会发产品上新、产品介绍、优惠活动等相关内容。

（2）微信社交工具

微信社交工具具有社交属性，具有汇集联系人和促进联系人沟通交流的功能。用户一般通过微信添加好友进行一对一的沟通或通过社群沟通。

（3）公众号

公众号提供图文内容，创作者可通过图文输出内容或赚取广告费。与短视频相比，图文内容更全面，而且公众号可以接入小程序，用户可以通过小程序下单。

（4）搜一搜和看一看

搜一搜是微信平台内的搜索引擎，可同步微信平台内所有的相关信息；看一看则基于用户阅读习惯推荐相关内容。

（5）视频号小店

视频号小店是微信视频号的电商扩展，主要服务在视频号发布内容的创作者，让他们可以在发布内容的同时销售相关的商品或服务。

（6）直播功能

与其他平台的直播功能类似，微信视频号可进行直播互动和销售推广活动。

视频号在整个微信生态中扮演非常重要的角色，如图1-4所示。用户平均每人每天可能花费 1~2 个小时看视频内容。在视频号推出前，微信是一个社交工具。但现在，视频号通过内容吸引用户，并促进用户下单。

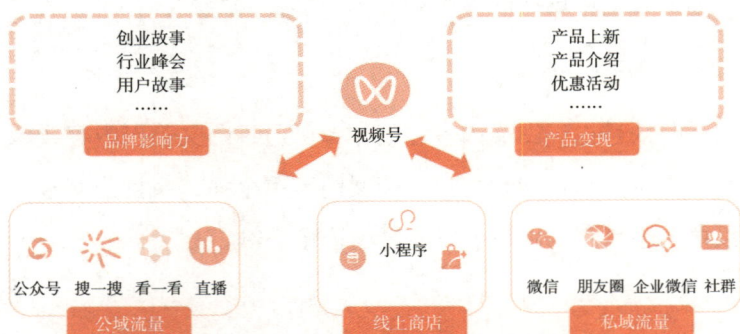

图1-4　微信生态

1.2.2　哪些人适合做视频号

视频号正逐渐成为个人和品牌展示自身、传递信息并完成商业变现的重要渠道。那么，究竟哪些人适合做视频号呢？

（1）专业领域达人

如果创作者在某个特定领域有深厚的专业知识和实践经验，如财务、教育、建筑等从业者，视频号将是其展示专业知识的平台。创作者通过分享专业知识和独特见解，不仅能够吸引大量用户，还能建立个人品牌，为后续的商业合作奠定坚实的基础。这类群体的变现方式主要有广告合作、自有产品带货、课程及培训等。

（2）创业者和小微企业家

对于创业者和小微企业家而言，视频号是一个低成本、高效率的推广和营销工具。他们可以在视频号上展示企业的产品、服务及创业理念，吸引潜在用户，提升品牌知名度。这类群体运营视频号的目的是推广自己的产品和服务。

（3）企业创始人

企业创始人通常具有独特的商业洞察力和前瞻性思维。通过视频号，企业创始人可以分享企业的创立历程、经营理念、产品背后的故事等，从而塑造企业形象，提升品牌价值。此外，与用户和消费者的直接互动还能帮助企业创始人更好地了解市场需求，优化产品和服务。

（4）实体行业从业者

虽然实体行业一直以线下经营为主，但众多实体行业从业者也开始尝试视频号运营。他们迫切希望通过互联网平台为现有业务注入新的活力。以一位从事铜门行业长达18年的经营者为例，他表示，当前业务增长已进入瓶颈期，急需通过线上转型的新策略寻求突破。他期望通过线上内容平台进一步提升品牌知名度，以此助推业绩的提升。可以明显看到，越来越多的实体行业从业者开始积极学习和探索短视频内容运营。

（5）热爱生活和善于分享的人

如果你热爱生活，喜欢分享，视频号是一个非常适合你的平台。你可以分享旅行日志、美食探店、手工制作或日常生活小技巧等内容，甚至可能开启全新的职业生涯。

总的来说，无论你属于哪一类群体，只要有专业、有故事、有自己想表达的观点，并且能够持续输出内容，视频号都能为你提供广阔的舞台。

1.2.3　确定视频号在生态中的定位

在视频号上，虽然都是短视频内容，但不同创作者发视频的目的却不尽相同。例如，对于个人创作者而言，运营视频号主要是为了扩大个人品牌的影响力，塑造独特的个人形象。电商从业者注重通过视频号吸引用户，引导用户购买产品。而实体行业从业者更多是让同行和用户能够直观地看到自己的产品，从而促成更多的商业合作和交易。

明确视频号在各自业务中的定位后，创作者在创作内容时目标会更清晰。例如，个人创作者制作内容时可以从个人的专业和感悟等角度出发，充分展现自身的专业性和价值观。电商从业者在设计内容时会以软植入等方式介绍产品，通过内容吸引用户，促使其下单。而实体行业从业者在运营视频号时则需要从创始人故事、产品特性、用户反馈及店内活动等多个维度进行综合考虑，设计出更具吸引力的内容。

总之，创作者在运营视频号时应根据自身的目标和定位策划内容，以确保内容既符合用户的兴趣，又有效推动业务的发展。

1.3　提升认知，抓住视频号持续变现的关键

对于创作者来说，视频号具有多元的价值。如果视频号运营得好，就能替代销售工作，为企业节省广告费用。与抖

音等短视频平台的运营思路不同，在视频号发布的内容越真实越好，不需要特意包装，不必过分追求数据指标，而是要重点关注用户的忠诚度。

1.3.1　视频号运营得好，可以替代销售

销售的本质是信任。在产品高度同质化的时代，销售策略和产品曝光度成了企业脱颖而出的关键。传统的线下销售方式虽然稳妥，但效率却很低。如果销售人员能够长期输出内容，塑造个人品牌形象，并持续传递自己的价值观，这些内容就会成为他们的最佳代言人。

我曾与一位客户深入交谈，他渴望通过短视频内容吸引潜在用户的注意，以代替传统的推销方式。因为传统的推销方式效率低，转化率也不高，所以他认为创作优质内容、等用户主动找上门是更有效的方法。

创作者可以思考自己的业务是否适合做内容。如果适合，就长期输出内容并提升影响力。这样再去跟别人讲产品时就不用费太多口舌，因为潜在用户一直在默默关注你。

当创作者的产品和内容都符合用户需求时，用户自然会主动找上门来。这时，创作者需要重点关注的是如何更好地服务这些用户，而不是到处去找用户。长期的内容输出之所

以能够替代销售工作，是因为它能够让用户产生信任感。每次内容发布都是对信用值的提升。当然，这一切都建立在创作者的内容与用户价值观高度匹配的基础上。所以，只要创作者能够长期坚持制作和发布高质量的内容，视频号运营就能够逐渐替代传统的销售工作，为创作者带来稳定的流量和客户。

1.3.2 视频号运营得好，可以节省广告费用

不少企业每年都会拨出一定的预算专门用于广告投放，它们往往倾向于在各大媒体平台上购买专题广告位，或者通过美团、大众点评等渠道进行广告推广。然而，随着用户日常浏览习惯逐渐向短视频转移，越来越多的企业开始将目光投向抖音、小红书等短视频平台。

以汽车行业为例，为了更有效地触达目标用户，许多车企开始组建自己的内容创作团队，并与符合其品牌形象的关键意见领袖（Key Opinion Leader，KOL）展开合作。视频广告的制作和推广费用差异巨大，从数千元到数万元不等。

当企业决定组建专门的视频号运营团队时，其便能利用视频号平台高效且直接地将产品信息和企业最新动态传达给用户。通过持续发布高质量的内容，展示真实的用户评价和

详尽的产品特点，企业不仅能够显著减少在传统广告上的投入，还能更精确地锁定目标用户群体，并逐步建立稳定的私域用户群体。

因此，从长远来看，持续产出高质量的内容不仅具有巨大的商业价值，还能给企业带来长期的品牌效益，并显著降低在其他广告渠道上的投放成本。

1.3.3 内容越真实越好，不需要包装

我在与客户沟通内容规划时，客户偏向于创作剧情类或轻松娱乐类的视频内容，他们认为这些内容能更有效地吸引用户并提升各项数据。然而，我向他们阐述了视频号的内容制作思路：与抖音等平台不同，视频号的内容制作目标并不局限于制作高观看量和高点赞量的内容，专注于真实、详尽地展示产品特性和专业能力才是内容制作的首要原则。

我曾在汽车之家和搜狐等具有鲜明媒体属性的企业工作，当时我们制作的每期视频就是一期产品，广告主会为每一期内容付费。我们根据客户需求定制视频，每一期视频的制作都涵盖了内容策划、拍摄、剪辑及聘请专业主持人等环节，确保每一期视频都是精雕细琢的商业产品。

如今，创作者运营视频号的目的，大多是通过短视频内

容全面、真实地展现企业的品牌价值、产品实力和用户反馈，从而有效提升品牌影响力，并促进销售业绩的增长。真实性应该是内容的核心，虽然包装后的内容可能在短期内吸引用户，但长远来看，如果用户发现实际业务与视频传达的信息不符，将对品牌造成严重的负面影响。同时，对于创作者来说，坚持创作真实的内容不仅是一种挑战，而且是一种动力，激励其不断提升产品和服务的质量，以赢得用户的长期信任和忠诚。

1.3.4　不追求数据繁荣，而应重点关注用户忠诚度

在运营账号的过程中，创作者往往会被表面的数据所迷惑，盲目追求关注度和点赞数。我在运营视频号时也曾经历为数据焦虑的过程，每次发布视频后都会迫不及待地查看各项数据。随着时间的推移，我逐渐认识到，真正要追求的并不是用户数量，而是能否持续提供有价值的内容，并完成变现。

凯文·凯利在他的著作《失控》中提到，一个人只要拥有 1000 个铁杆粉丝，这辈子几乎可以衣食无忧。当我在运营视频号时，用户数达到 1000 个时，我便开始尝试推出自己的付费产品。第一个变现产品是关于复盘的付费社群，我

带领会员每天复盘，第一期招募了 50 多名会员。这个尝试让我深刻体会到，变现的关键并不在于庞大的用户基础，而在于创作者能否提供持续且有价值的内容，并吸引那些真正欣赏内容的忠实用户。我身边也有拥有几万个用户的朋友，但其变现效果不理想。由此可见，用户数与变现效果并不成正相关关系。

对于企业创作者而言，同样不必过分追求庞大的用户群体。相反，他们应该通过短视频内容全面展示自身的业务实力，并专注于培养一部分对企业高度认可的忠实用户；通过坚持输出内容，充分展现企业的产品优势、服务意识和创新意识，从而赢得用户的信赖。

只要企业创作者能够持续输出优质内容并不断积累，自然会吸引同行业的关注与合作机会。因此，企业创作者应该将焦点放在打造精品内容上，同时保持对数据变化的敏感性，但无须因数据的短期波动而过分焦虑。优质内容和持续努力才是通往成功的关键。

1.3.5 视频号运营是慢慢积累的过程，不能急于求成

许多创作者在发布视频后，一旦数据表现不佳，往往会陷入自我否定，认为自己并不适合创作视频内容。要知道，

内容创作是一项有复利效应且极具价值的工作。掌握内容创作的技能，如撰写脚本、运用剪辑工具、熟悉发布平台的运营规则等并不难。通过一段时间的学习与实践，创作者都能逐渐掌握这些技能，真正的考验是创作者能否坚持。

为了保持视频创作的持续性，找到适合自己的创作节奏至关重要。例如，有主业的创作者可以选择早晨起床后撰写文案，利用碎片时间录制视频和剪辑，不能因为创作视频而影响工作和生活，这样才能坚持下去。所以，在内容创作的初期，创作者不必急于求成，要追求高质量的作品，更重要的是先找到稳定的创作节奏，在此基础上逐步调整与优化。

此外，创作者需要以开放和包容的心态面对用户的评论，不能因为用户的负面评论而怀疑自己，甚至放弃继续创作。面对用户的负面评论时，创作者要学会筛选与过滤，坚守自己的创作理念，并持续输出优质内容。

第2章

从零开始打造视频号
优质账号

本章主要介绍如何从零开始打造一个视频号账号，内容包括账号的定位、账号的包装、内容的策划与剪辑及视频的发布。

2.1 定位明确，才能稳定变现

为了实现稳定变现，明确定位至关重要。正如每款产品都有特定的市场和用户群体，不可能适合所有用户，运营视频号也是如此，内容的方向和风格直接决定了创作者能够吸引哪些目标用户。因此，在启动视频号运营时，创作者应首先明确账号的定位。如果定位不明确，准备内容时就没有方向，发布的内容即使数据看起来不错，但实际转化率可能不高。

如何确定视频号的定位呢？创作者可以从自身的专业和能否持续输出内容的角度考虑。例如，如果你是一位经营服装生意的店主，可分享关于服饰搭配、时尚穿搭等方面的内容。同时，创作者需要根据目标用户的喜好和需求规划视频内容。

除了定位和内容选择，创作者还需要深入思考视频号对于自身的价值和意义。不同的视频号运营目标将决定视频内容的制作方向和重点。如果创作者希望提升个人的行业影响力，那么输出高质量、有深度的专业性内容是关键。如果创作者的目标是销售产品，那么详细展示产品的独特功能、优势及用户反馈则显得尤为重要。

此外，内容的持续性和更新频率也是必须考虑的因素。创作者选择能够持续产出并有足够话题深度的内容领域，有助于保持视频号的活跃度和用户的黏性。对于团队或企业来说，运营目标通常更明确和具体，在确定方向和内容策略后便可以有计划地进行内容创作和推广。在确定内容策略时，需要明确想要通过视频号达成的具体目标，如提升产品销量、扩大市场份额或增强品牌影响力。

综上所述，明确的定位是实现视频号稳定变现的基石。定位视频号需要从多个维度进行综合考量，包括内容领域、目标用户、运营目标及内容的持续性等，如图 2-1 所示。只有在这些方面都做到深思熟虑和精准把握，才能确保视频号的稳定运营和持续变现。

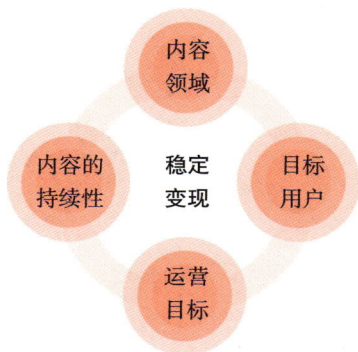

图 2-1 稳定变现的关键

2.1.1 确定账号的用户画像

确定账号的用户画像对于视频号运营很重要,能帮助创作者了解用户的习惯和潜在需求,从而更有效地制作内容。

有很多种方法可以确定账号的用户画像。以下是一些常用的方法,可以帮助创作者更精准地描绘目标用户。

(1)市场调研

进行市场调研是了解目标用户的第一步。通过问卷调查、访谈、观察等方式,收集目标用户的基本信息、消费习惯、兴趣爱好、需求痛点等数据。这些数据可以帮助创作者初步勾勒出用户的轮廓。

（2）数据分析

- 用户行为数据分析：分析用户在视频号上的行为数据，如观看时长、点赞、评论、分享等，可以深入了解用户的偏好。
- 消费数据分析：对于已产生购买行为的用户，应重点分析其消费数据，包括购买频次、消费金额、购买时间等，这有助于了解用户的消费能力和消费习惯。

（3）观察用户反馈

观察用户对视频内容的评价或用户在社群里的讨论内容，获取用户对视频内容的看法和建议。这些信息对于完善账号的用户画像和优化内容策略非常有价值。

（4）竞品分析

分析竞品账号的用户群体特征，了解这些用户喜欢什么样的内容，以及这些用户有哪些共同点和差异点。这可以帮助创作者更准确地定位目标用户。

总之，确定账号的用户画像需要综合运用多种方法，从多个角度收集和分析用户数据。通过不断地完善和优化账号的用户画像，创作者可以更精准地了解目标用户的需求和偏好，为视频号的内容策划和运营提供有力支持。同时，随着市场和用户需求的不断变化，创作者也需要及时更新和调整账号的用户画像，以保持其准确性和有效性。

表 2-1 是一个用户画像梳理示例，创作者可以根据实际情况进行调整和补充。

表 2-1　用户画像梳理示例

基本信息	
姓名	小张
性别	男
年龄	25 ~ 34 岁
地理位置	
地区	北京市
职业与教育	
职业	互联网从业者
受教育程度	大学本科
兴趣与偏好	
兴趣爱好	旅游、摄影
内容偏好	科技、旅行、美食
消费习惯	
消费水平	中等偏上
购买偏好	电子产品、时尚服装品牌
社交行为	
社交平台	微信、微博
社交活跃度	高

（续表）

视频观看习惯	
观看时间	晚上 8 点至 10 点
视频偏好	教育类、娱乐类

2.1.2　视频号的变现路径

运营视频号的终极目标无疑是实现变现。缺乏明确的变现途径，创作者可能会失去持续更新的动力。一位学员曾分享过她的经历。在视频号创作初期，她热情高涨，用户数很快便涨至 2000 多人。因为她的内容是教育类，需要到学校实地探访，从而制作视频。然而，随着视频制作成本的增加，以及照顾孩子的需要，后来她就停止更新了。她说主要问题在于没有明确的变现模式，没有了创作欲望，导致自己缺乏持续更新的动力。

类似这位学员的例子还有很多，特别是个人创作者或已有主业的人群，视频号运营并不是他们主要的收入来源。因此，在创作之初，他们往往不会优先考虑变现模式。在视频号平台上，常见的商业模式有很多。这些模式不仅为创作者提供了稳定的收入来源，而且为他们指明了内容创作的方向。本小节将详细探讨这些商业模式，并深入分析创作者如何根据自身的特点和需求选择最合适的变现方式，从而确保短视频创作的持续性。

（1）电商带货模式

2024 年 5 月，微信进行了一次功能更新，将"我"页面中的"卡包"升级为"订单与卡包"，如图 2-2 所示。

图 2-2　微信"我"页面

以前用户需进入视频号功能页才能查询订单信息，现在微信把订单功能提升到一级菜单，极大提升了用户操作的便捷性。从产品战略层面解读，此次更新不仅优化了用户体验，更凸显了腾讯对电商业务的深度布局。通过简化订单查看与管理流程，微信正逐步引导并培养用户在视频号上的消费习惯，这无疑是对电商创作者极大的激励。此举也预示着视频号在电商带货领域的巨大潜力和值得期待的发展空间。

对于创作者而言，如果拥有自家产品和稳固的供应链支持，便可组建直播团队，利用视频号开启直播销售。没有自有产品和供应链的创作者可以选择与符合自身用户画像的产品进行合作，通过为产品代言、推广，以赚取佣金的方式变现。

（2）知识付费模式

视频号平台在 2020 年内测阶段，优先入驻的人群就是做知识付费的创作者。例如，秋叶大叔、粥左罗等大多是已经在运营公众号的创作者，他们已经拥有成熟的付费产品，通过视频号与公众号的结合运营丰富拓客方式，助力业绩增长。

2023 年 12 月，视频号增加会员专区功能。该功能为知识付费领域的创作者提供了一个很好的平台，符合条件的创作者可以在视频号助手开通会员专区功能。用户可以付费成为会员，从而让创作者获得收入。会员专区开通成功后，创作者可以在其中通过问答栏与会员沟通交流，发表仅会员可见的视频、直播等内容。开通会员专区需要创作者满足如图2-3 所示的条件。

图 2-3　开通会员专区

知识付费模式适合以下几类人群。

- 专业人士。例如，律师、医生、心理咨询师等可以将自己的专业知识通过视频号进行传播。
- 教育从业者。例如，教师、培训师等可以制作在线课程，帮助学生提升学习成绩或技能。
- 行业专家。在某个行业或领域有深入研究的人可以分享行业内的前沿知识和经验。

（3）广告模式

视频号互选广告是广告主和创作者通过平台双向互选、自由达成广告合作的一种投放模式。创作者可以通过平台设置广告的报价及联系方式等信息，如图 2-4 所示。广告主通过平台寻找匹配的创作者，双方达成一致后可以进行合作。

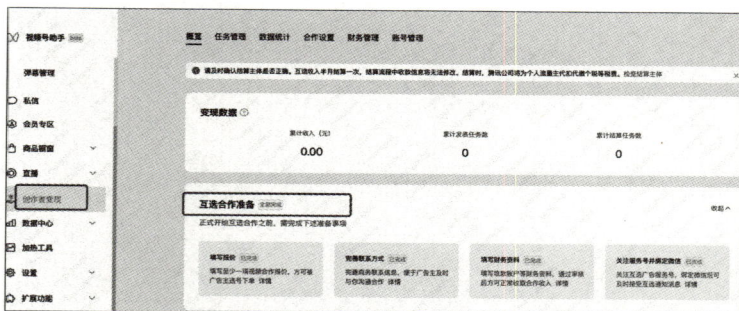

图 2-4　创作者变现页面

（4）实体商家

我的姑姑在济南经营一家儿童服装店。她告诉我现在实体商家不好做，用户更倾向于在线上购物，既方便又快捷，还支持 7 天无理由退货。

同样，我去威海玩的时候，与经营民宿的人聊天，她也提到和去年相比，做民宿生意的商家变多了，只在平台上挂民宿链接是不够的，要做出差异性才能脱颖而出。其实，实体商家做内容相对来说比较好做，比如拍产品，让顾客讲一讲使用后的体验，然后持续地录制视频并将其发布到视频号和朋友圈，就能吸引很多人观看。

在 AI 时代，各行各业做实体业务的人都面临转型问题，实体商家必须做出改变才能有突破。未来，会做内容的人将脱颖而出。做内容并不难，比如，实体行业就有很多素材可以做。现在有一个现象是会做内容的人没有产品，而有产品的人不知道如何做内容。所以，实体商家如果能把产品做好，再加上做内容的思维和持续输出的习惯，就会比同行更出色。

实体商家如果能够掌握内容制作方法并投入时间，就会发现做内容并不难。如果每天能抽出一个小时去做，慢慢就会看到结果。如果预算充足，实体商家就可以找有流量的主播带货。实体商家不必用做"网红"的思路去做内容，其优势在于产品真实可见，只要能够持续发内容，让目标用户看到。这样长期坚持下来，客户有需求时就会想到实体商家。

2.1.3　确定变现产品

当账号的用户积累到一定数量时，创作者就应该开始考虑变现产品，否则后续会因为没有正反馈而很难持续下去。确定变现产品的步骤主要有以下几个。

（1）分析商业模式

创作者要根据自身的商业模式确定变现产品，从价格维度设计不同价位的产品。例如，如果商业模式是知识付费，就要根据用户画像特点设计引流产品、标准产品、高利润产品，每个产品的交付内容也要有所区别。

（2）明确产品价值及定价

针对所选的变现产品，明确其价值和定价。这需要对目标用户进行深入的研究，了解他们的需求和支付能力，以便为产品制定合理的价格。

（3）制作推广素材

为了吸引目标用户购买产品，创作者需要制作具有吸引力的推广素材，如海报、视频等。这些素材应突出产品的特点和优势，以便用户快速了解产品并做出购买决策。

（4）从小规模用户开始尝试销售

不必等到用户数量非常庞大时才开始销售产品。当账号的稳定用户积累到一定数量后，创作者就可以开始尝试销售变现产品。从小规模用户开始梳理产品，并邀请他们共同参与打磨产品，这样能够及时发现并优化产品的不足之处。

当用户数量众多但产品尚未打磨完善时，仓促进行产品变现反而可能会带来巨大的风险。内容制作和产品完善应该同步进行，这样可以确保内容与产品紧密相连，提高转化率。

我有一位做高端定制鞋的朋友，他通过优质内容吸引了1 万多个用户。但是，他在制作内容时并未考虑变现产品，极大地浪费了流量。实际上，当他每期视频的点赞量达到几百甚至上千时，就可以开始梳理并推广产品。

（5）持续优化和调整

根据市场反馈和用户需求，持续优化和调整变现产品，包括改进产品质量、调整定价策略、优化推广素材等，以提高变现产品的市场竞争力。

2.1.4　确定账号类型

视频号平台上的账号类型丰富多样。从组织结构的视角来看，账号可以被划分为两大类：个人账号和企业账号。

（1）个人账号

这类账号的运营主体是个人，所发布的每一条视频都代表运营者个人的观点和见解。个人账号的运营者通常具有较大的创作自由度，能够灵活地表达自己的思想和情感，与用户建立紧密和真实的连接。

（2）企业账号

这类账号的运营主体是企业，所发布的内容代表企业的立场和观点。企业账号在运营过程中更注重企业形象的塑造和宣传，通过精心策划的内容传递企业文化、产品信息或服务特色，以实现品牌推广和市场营销的目标。

值得注意的是，个人账号和企业账号在定位和内容输出上存在显著的差异。个人账号更注重个性化和创新性，以吸引和留住具有相似兴趣和观点的用户为主；而企业账号则更侧重于专业性和权威性，旨在建立和维护企业在目标用户中的信誉和影响力。

从内容形式划分，账号可分为以下类型。

（1）知识分享型账号

这类账号专注于分享特定领域的知识，内容形式多样，可以通过口播传递知识，或者结合剪辑技巧，用语音配合相关素材来呈现。如果创作者在某个领域拥有深厚的知识或高水平的技能，就可以选择知识分享型账号，将知识传递给广大用户。

（2）操作型账号

这类账号以发布实用操作类视频为主，如 Excel 使用技巧、烹饪教程等。通过详细的步骤展示，帮助用户解决实际问题，内容具有很高的实用价值。

（3）剧情类账号

这类账号通过精心设计的剧情吸引用户，多见于电商模式。运营这类账号需要专业的团队编写剧情脚本并进行拍摄，因此内容创作成本相对较高。但是，高质量的剧情能深深地吸引用户，为后续的变现打下坚实的基础。

（4）才艺类账号

如果创作者拥有独特的才艺，如木工、绘画等，这类账号将成为其尽情展现才艺的舞台。通过直播或视频展示才艺，不仅能够吸引志同道合的用户，还能为后续的课程销售、产品推广或服务提供奠定良好的基础。

（5）亲子类账号

这类账号主要展示家庭的温馨氛围。其变现主要依靠广告和电商，通过呈现家庭生活的美好瞬间，获得广大用户的关注和喜爱。

（6）访谈类账号

这类账号要求创作者具备一定的访谈资源，通过与各领域的专业人士进行深入交流，制作出高质量的内容。其变现主要通过广告和合作来完成，如果创作者在某个领域有深厚的资源，这将是一个非常有潜力的账号类型。

（7）乡村生活类账号

这类账号致力于传达农村生活的朴实与美好。其变现方式以广告和电商为主，通过展示乡村的宁静与纯净之美，吸引那些向往乡村生活的用户。

（8）创始人 IP 类账号

在这类账号中，创始人分享创业历程、团队故事及产品背后的故事。这不仅能够提升品牌的影响力，还能直接提升销售业绩。打造创始人 IP 类账号能将个人魅力与品牌宣传完美结合，非常适合那些故事性强、影响力大的创始人。

选择账号类型的建议如图 2-5 所示。

明确自己的定位
· 专业及经历
· 优势和兴趣
· 目标受众

确定类型

确定内容类型
· 擅长的领域
· 市场上有需求
· 可持续性

寻找与分析对标账号
· 账号简介
· 内容类型
· 粉丝画像

图 2-5　账号类型确定

2.1.5　确定与竞品的差异点

确定与竞品的差异，对于产品规划的成功至关重要。在明确产品定位后，竞品分析便成为产品经理一项不可忽视的工作。在产品规划的过程中，产品经理会投入大量的精力进行深入的竞品调研，通常会遵循以下方式。

- 查阅权威的行业报告，从宏观角度了解整个行业的发展概况。
- 紧密关注行业领先企业的最新动态，及时捕捉行业风向的变化。
- 实地拜访和深度访谈同行业的专业人士，更加细致地了解行业内各类产品的优势与不足。

这些宝贵的调研成果将为产品经理规划更符合市场需求的新产品提供有力的数据支撑和参考依据。

同样，在创作者规划视频号账号时，竞品分析也是一项关键的前期工作。在明确账号的定位、类型及期望通过账号实现的目标后，创作者可从以下几个方面进行竞品分析。

- 寻找并关注同行业的其他账号，仔细观察这些账号的内容类型、数据表现及用户反馈。
- 查阅与该账号有关的评论，深入地了解用户的关注点和需求。

- 对同行业账号的内容形式进行细致的分析，从而找到自身账号的差异化亮点。

在规划账号内容时，创作者需要充分考虑团队的实际能力和资源情况。例如，人员配备充足的团队可以尝试复杂类的创作形式（如访谈等）以吸引用户；而人员相对较少的团队则要灵活地调整内容策略。重要的是，创作者必须避免盲目模仿竞品，应紧密结合自身的业务特点和市场需求，打造独具特色的内容。这不仅能够降低内容制作成本，还能让用户在众多账号中更容易记住自己的账号。

因此，在进行竞品分析时，创作者应该保持全面且客观的态度。同时，创作者也要站在用户的角度思考，努力提供有价值、能对用户产生积极影响的内容。

表 2-2 是一个竞品分析模板。

需要注意，表 2-2 中的数据（如粉丝数量、点赞数等）已用"×"代替，实际分析时应填入具体的数据。此外，内容类型、内容质量、用户互动性等指标可以根据实际情况进行调整。

表 2-2 可以帮助创作者直观地对比和分析自己账号与竞

表 2-2　竞品分析模板

竞品名称	内容类型	内容质量	用户互动性	发布频率	粉丝数量	点赞数	分享数	评论数
竞品 A	知识分享	高	中	每日	×××××	×××××	×××	×××
竞品 B	娱乐搞笑	中	高	每周	×××××	×××××	×××	×××
竞品 C	剧情演绎	高	低	每周	×××××	×××××	×××	×××
自己账号	教育培训	中	中	每周	×××××	×××××	×××	×××

品在各个方面的表现，从而找出自己账号的优势和不足，为后续的账号规划和内容制作提供参考。

2.2 账号有价值，转化率才会高

本节聚焦账号打造细节，主要介绍账号注册与认证、账号基本信息设置、封面与标题设计，以及与公众号关联等内容。通过学习本节内容，我相信创作者可以打造一个让自己满意的视频号账号。

2.2.1 账号注册与认证

账号注册

开通视频号后，即可发布视频内容、发起直播、开启商品橱窗及进行直播带货。以下是注册视频号账号的步骤。

（1）安装最新版本的微信，在"发现"页面点击进入"视频号"。如果"发现"页面没有显示"视频号"字样，可点击"我"—"设置"—"通用"—"发现页管理"—"视频号"，最后点击"在发现页中显示该功能"右侧按钮，如图 2-6 所示。

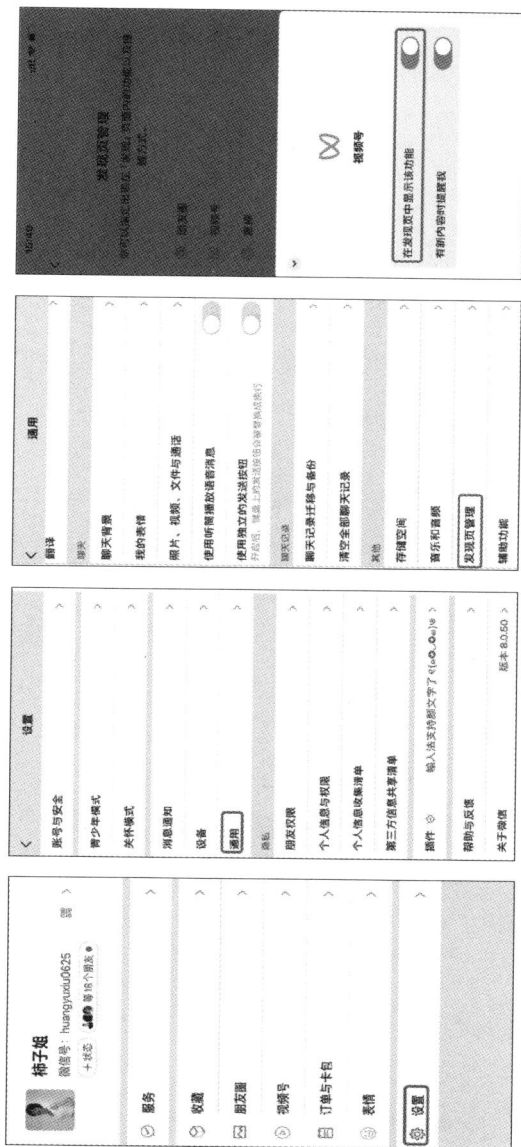

图 2-6　在"发现"页面中显示视频号功能

（2）在注册视频号账号时，创作者需要填写一些基本信息，包括名字、性别和地区。名字要长度适中，简洁易记，避免使用特殊字符，这可以方便用户记忆。性别和地区信息应如实填写，以便准确定位用户群体。

在选择头像时，如果创作者注册的是企业账号，可以上传企业的品牌标识作为头像，这有助于提升品牌的识别度。而如果是个人账号，则可以选择上传自己的形象照或生活照，但务必保证照片画质清晰。

完成上述信息的填写后，认真阅读并同意相关协议，点击"创建"按钮，如图 2-7 所示。一旦账号创建成功，创作者就可以发起直播和发布视频。

账号认证

做视频号认证是为了确保账号信息的真实性、安全性。创作者认证完成后可获得以下权益。

- 获得认证特有的标识，提升信任度。认证后的视频号带有"V"标识，这个标识就像品质保证的标识，让用户觉得该账号可信、专业，这样视频就更容易吸引用户，也更容易被用户点赞和分享。
- 增强个人和品牌影响力。认证后的账号，无论是个人还

图 2-7 "创建视频号"页面

是品牌，都会显得更加正式、有影响力。

- 内容保护。视频号官方会对原创内容进行保护，就像给作品加了防盗锁，创作者不用担心自己的视频轻易被别人模仿或抄袭了。

- 发布内容可获得优先推荐机会，搜索结果排序靠前。在微信搜索页面里，已认证的账号会比未认证的账号更靠前显示。这意味着当用户在搜索相关内容时，已认证的账号及其发布的作品会更容易被用户发现。

- 参与视频号官方活动。认证后，有资格参加视频号官方组织的各种活动。这不仅是展现自我才华的好机会，更是获得视频号官方推荐和曝光，进而吸引更多用户关注的有效渠道。
- 认证后，用户过万可开通创作者变现功能，获取更多权益和奖励。认证后的账号还有机会获得视频号官方提供的流量奖励、创作变现等权益。这些权益不仅能帮助视频号创作者提升影响力，还能带来变现的机会。
- 扩大企业服务曝光范围，有效提升品牌形象及营销转化率。视频号的留资服务、菜单服务等功能（限企业或机构认证申请），为企业或机构提供了便捷的用户信息收集渠道，扩大了服务曝光范围，并通过增强用户互动与体验，有效提升了品牌形象及转化率。

视频号认证流程

打开微信，点击"发现"—"视频号"；点击右上角的人形图标，点击"创作者中心"，在"创作者服务"模块点击"更多"；找到"账号管理"模块，点击"认证"，就可以进入"视频号认证"页面，如图 2-8 所示。

视频号认证类型及要求

视频号认证主要有两种类型：一种是个人认证，另一种

图 2-8 "视频号认证"页面

是企业和机构认证。

个人认证分为兴趣认证、职业认证、音乐认证 3 类，适合个人申请。

（1）兴趣认证：适合对线上创作者、自媒体身份进行认证，如美食创作者、互联网自媒体等。

（2）职业认证：适合对线下职业身份进行认证，如运动员、演员、作家等。

（3）音乐认证：细分为音乐人认证和音乐达人认证。

✓ 音乐人认证：适合有原创能力的用户申请，如已入驻在线音乐平台。

✓ 音乐达人认证：适合在视频号发表音乐的用户申请。

个人认证应满足的条件及可获得的权益如表 2-3 所示。

表 2-3　个人认证应满足的条件及可获得的权益

认证类别	认证应满足的条件	可获得的权益
兴趣认证	（1）近 30 天内发表 1 条成功声明原创的内容 （2）有效关注数 1000 人以上 （3）已填写简介 　　不同兴趣会有不同的认证要求，具体可在申请认证时，点击认证页面下方"查看认证需要提交的资料"查看	（1）认证标识 （2）流量奖励 （3）创作变现 （4）搜索排前
职业认证	（1）近 30 天发表 1 个内容 （2）已填写简介 　　不同职业会有不同的认证要求，具体可在申请认证时，点击认证页面下方"查看认证需要提交的资料"查看 　　注：可提交在职证明、职称证明、作品荣誉证明、行业协会会员证明等材料证明影响力，有助于提高成功率	（1）认证标识 （2）流量奖励 （3）创作变现 （4）搜索排前

（续表）

认证类别	认证应满足的条件	可获得的权益
音乐认证	音乐人认证 （1）近 30 天发表 1 个内容 （2）已填写简介 　　不同音乐人会有不同的认证要求，具体可在申请认证时，点击认证页面下方"查看认证要提交的资料"查看	（1）认证标识 （2）专区推荐 （3）歌曲推荐 （4）流量奖励 （5）搜索排前 （6）创作变现
	音乐达人认证 （1）发表 1 首高质量音乐 （2）有效关注数 100 人以上 （3）已填写简介	（1）认证标识 （2）歌曲推荐 （3）流量奖励 （4）搜索排前 （5）创作变现

　　企业和机构认证应满足的条件及可获得的权益如表 2-4 所示。

表 2-4　企业和机构认证应满足的条件及可获得的权益

企业和机构认证流程		可获得的权益
公众号辅助认证	如果创作者有已微信认证的同名公众号（包括订阅号和服务号），可以在手机上通过公众号进行认证 　　步骤：在微信发现页点击"视频号"—右上角人像—"创作者中心"，在"创作者服务"模块点击"更多"—"认证"，选择"企业和机构认证"，选择"公众号辅助认证"，选中"阅读并同意《视频号认证服务条款》"，点击"开始认证"，然后将生成的二维码发送给同名已微信认证公众号的管理员扫码确认	（1）认证标识 （2）留资服务 （3）搜索排前 （4）创作变现

（续表）

企业和机构认证流程		可获得的权益
填写资料认证	可在计算机上登录视频号助手，点击"设置"—"视频号认证"，按页面提示操作，所需资料可参考认证申请页面提示	（1）认证标识 （2）留资服务 （3）搜索排前 （4）创作变现

完成认证后，系统会发通知告知认证已通过，目前暂不支持查询进度。

个人认证审核时间：3~5个工作日。

企业和机构认证审核时间：审核供应商会在2~5个工作日内联系视频号联系人进行后续操作，原则上在不超过30个自然日内完成认证。

2.2.2　账号基本信息设置

账号的基本信息设置是视频号运营的第一步，视频号主页是创作者的门面。用户因为创作者发布的某一期视频进入主页后，先会看到名字、简介、头像等信息，如果名字、简介、头像等信息完整，并且简介的描述击中了用户的痛点，那么用户就很可能会关注创作者。

起名字的注意事项

俗话说"见名如见人"，视频号的名字很重要。很多创作者在起名字时不重视，随便给视频号起个名字。一个好的视频号名字不仅可以让用户知道内容是什么，还可能直接吸引用户关注。微信对视频号名字的修改次数是有限制的，一年仅能修改 5 次。

（1）名字 + 定位

有些创作者以"名字 + 定位"的方式起名，如我的账号是"柿子姐说产品"。这样的名字可以让用户很直观地知道创作者是做什么的、视频号的定位是什么，这也是用户了解创作者的第一步。如果企业或个人在其他平台已经有一定的粉丝和知名度，那么可以沿用之前的名字。

（2）不用特殊字符

创作者在为视频号起名字时，最好不要用特殊字符。如果用户在搜索视频号时需要输入特殊字符，就会浪费较多时间，往往容易放弃搜索。

（3）字数不要过多

有些创作者给视频号起的名字比较长，导致名字在个人主页中不能完全显示出来。创作者在给视频号起名字时应该言简意赅，尽量不要超过 8 个字。要检验一个视频号的名字取得是否成功，可以看用户能否在短时间内记住该名字。对于创作者来说，给视频号起名字要站在用户的角度，不要让用户感到麻烦。

让人记得住的简介

简介是人们理解陌生事物的一个重要途径，对于创作者来说，如果简介让用户感到眼前一亮，就有可能吸引用户关注。创作者写简介时可以围绕两个方面来写：一方面是简单易懂，另一方面是让用户了解关注视频号能获得什么。

具体的注意事项可以参考以下 4 点。

（1）字数不要太多

视频号的简介千万不要长篇大论，这样会让用户抓不住重点。用最少的字描述清楚自己能为用户提供什么才是最重要的。

（2）格式清晰

视频号是支持多行展示简介的，创作者可以将自己的简介分为多行简短的文字，这样用户看着会更方便，也更容易读懂。

（3）专业背景

创作者可以在简介中展示自己具备哪些能力、目前从事什么职业，这样可以让用户快速知道自己的身份。

（4）让用户产生获得感

创作者必须在简介中描述用户关注视频号能收获什么，如职业咨询、每天的干货直播等。

头像设计

用户在浏览视频时会尝试点开头像进一步了解创作者，所以好的头像也是吸引用户关注的重要工具。创作者可以上传一个最能代表自己形象的头像，头像的风格应该根据视频号的风格确定。如果视频号的风格比较专业、严肃，那么创作者应选择比较正式的照片作为头像。如果视频号的风格比较轻松、欢快，那么创作者可以选择比较生活化的头像。

创作者在上传头像时需要注意以下 3 个细节。

（1）背景用纯色

头像的背景最好用纯色，不要使用颜色比较多或虚化的背景，要突出创作者的个人形象。因为头像的尺寸有限，创作者要尽量让用户在看视频时只看一眼就对头像产生兴趣。

（2）与其他平台一致

如果创作者有其他平台的账号，并且已经被用户熟知，那么可以使用同一张照片作为头像，这样能保证形象统一，更容易让用户记住自己。

（3）不要频繁更换

头像容易让用户形成记忆，所以视频号的视觉美化应先从头像开始。为了让用户记住视频号，创作者尽量不要频繁更换头像。头像是创作者接近用户的重要媒介，如果自己拍不好照片，创作者可以找专业的摄影工作室拍。

2.2.3　封面与标题设计

当创作者积累了一定量的视频作品后，用户访问其主页时，封面的高度一致性对于提升用户体验至关重要。在发布视频时，创作者必须注意每期视频的尺寸统一及封面设计的协调性。当用户接触到一系列设计专业、风格统一的封面与标题时，这种视觉上的和谐统一不仅能显著提升账号的专业形象，还能有效增强用户关注账号的意愿，进而提高账号的关注率。相反，如果视频封面和标题设计显得杂乱无章，如字体和颜色等缺乏统一性，这种视觉上的不协调就难以吸引用户关注账号。

为了确保主页的和谐统一，创作者需要考虑以下两点。

（1）统一的封面尺寸

创作者可以选择一个固定的封面尺寸，并确保所有视频封面的尺寸一致。常见的封面尺寸比例有 3 : 4、16 : 9、4 : 3 和 1 : 1 等，创作者应根据自己的视频风格选择合适的比例。例如，Vlog 风格的视频更适合 16 : 9 或 4 : 3 的横屏比例，而竖屏内容则更适合 9 : 16 或 6 : 7 的比例。

（2）一致的封面风格

除了尺寸统一，保持每期封面风格的一致性也很重要。一个简单的方法是选择视频中具有代表性的某一帧作为封面，这样既能保持真实性，又能让用户一眼看清视频主题。如果不想用视频中的某一帧作为封面，创作者可以考虑自己设计封面。无论创作者采用哪种方式，都要确保每期封面的设计风格一致。同时，封面中的标题也是吸引用户注意的重要因素，因此应尽量保持标题的字体和字号统一，以营造和谐的视觉效果。两种不同封面的对比如图 2-9 所示。

以我自己的视频号为例，我选择了 4 : 3 作为所有视频的封面尺寸比例，并且设计了每期封面的风格和元素，以保持整体的一致性。这样的设计理念使我的主页看起来整洁、专业，进而有效提高了用户的关注度和黏性。

图 2-9　两种不同封面的对比

2.2.4　与公众号关联

如果创作者独立运营公众号，我强烈建议将视频号与公众号绑定。这样在发布公众号文章时，创作者可以插入已发布的视频号内容，助力视频号冷启动。

短视频表达方式的优势是直观，而公众号能更深入地展现创作者的完整思想。短视频由于时长的限制，往往难以详尽地阐述一个观点，通过图文的辅助可以更系统、全面地表达思想。因此，视频号与公众号的联合运营能够相互补充，使用户更立体、更全面地了解创作者。公众号不仅承载着创作者的文章表达，还可链接小程序等多元化服务，如电商选品、咨询或在线课程等。

实现视频号与公众号的关联需满足以下条件。

- 如果是企业和机构类账号，其公众号和视频号必须通过相同主体的企业认证，才能进行绑定操作。
- 如果是个人账号，公众号管理员的微信号和视频号管理员的微信号必须是同一个微信号。创作者也可在公众号后台重新设置管理员，之后再执行绑定操作。

公众号与视频号关联的具体操作步骤

打开公众号后台，可以看到关联视频号的功能。前提是视频号和公众号的主体一致。

（1）打开公众号图文编辑页面，点击"视频号"，如图2-10所示。

图 2-10　在公众号图文编辑页面点击"视频号"

（2）在弹出的页面中点击"去绑定"，如图 2-11 所示。

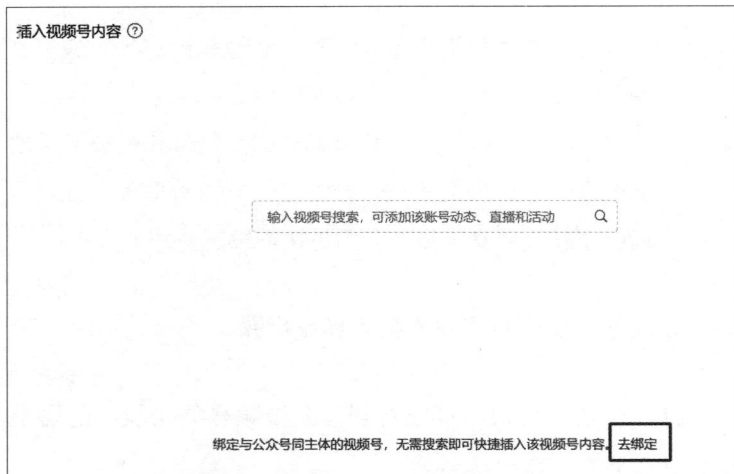

图 2-11　在弹出的页面中点击"去绑定"

视频号和公众号的管理员或者两个账号的主体信息一致才能绑定。公众号绑定视频号后的权益如图 2-12 所示。

绑定视频号后，将获得以下能力

视频号资料页将展示公众号，公众号资料页将展示视频号和视频号视频。

视频号用户在浏览视频号时可直接关注公众号或点击头像进入公众号资料页。

无需搜索，在编辑器可快捷插入绑定视频号的内容。

绑定后2小时内可更换绑定。2小时后到14天内，无法更换绑定。"公众号设置"-"视频号"中可以解除绑定或修改绑定设置。

去绑定

图 2-12　公众号绑定视频号后的权益

（3）在手机微信端使用管理员微信扫码绑定，如图 2-13 所示。

绑定视频号

请使用管理员微信扫码验证身份

图 2-13　验证管理员身份

（4）选择视频号主体，如图 2-14 所示。

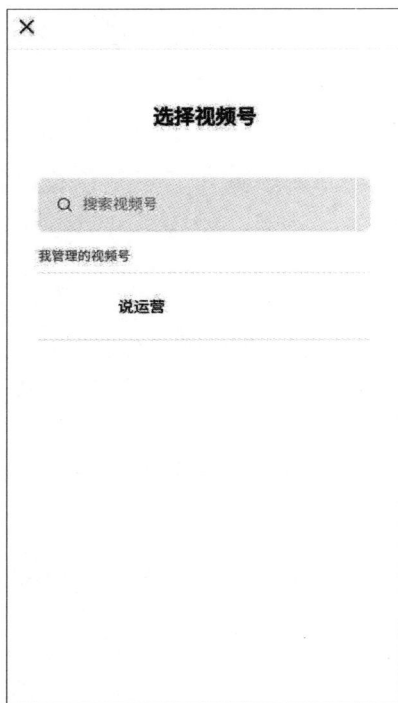

图 2-14　选择要绑定的视频号

（5）绑定成功后，可以在公众号编辑页面点击"视频号"，引用视频号中的内容，选定视频号内容后点击"插入"，如图 2-15 所示。

（6）设置关联后，视频号主页会显示公众号，如图 2-16所示。发布公众号内容时，也可以关联视频号里的视频，实

图 2-15　选择视频号中的内容

现内容互通。

图 2-16　视频号主页中的公众号入口

2.3　制作爆款内容，才能增加新流量

内容创作者一般都有制作爆款内容的目标。而创作者发布的大量内容里，往往只有大约 20% 能够脱颖而出，成为

吸引 80% 用户目光的爆款。

创作者的内容被系统推荐时会陆续获得新流量，同时带动视频号关注用户数和订单量的增长。但在运营视频号的起步阶段，创作者不应刻意追求爆款，而要优先建立稳定的内容输出方式和节奏。经过 4 年的视频号运营实战积累，我总结了以下 3 点制作爆款内容的前提。

（1）明确内容制作的节奏与风格

在内容制作的初级阶段，首要任务是打磨自己的内容风格并保持稳定的输出节奏。过早地追求爆款，会因基本功不够扎实而影响运营节奏。当形成了稳定的内容制作习惯并掌握了有序的制作节奏后，创作者便能更加专注于深入探索和创新，从而创作出引人注目的爆款内容。

（2）产生爆款内容难以一蹴而就，需要时间和经验的沉淀

产生爆款内容具有一定的偶然性，并非每次尝试都能如愿以偿，所以保持内容的持续输出才是重中之重。同样的内容因为发布时间不同、描述文案不同，效果也会不一样。例如，我在开始运营视频号时，坚持每天更新内容。其中有一期视频，我只是按照既定的节奏进行更新，并没有刻意追求爆款，然而它却意外被系统推荐，播放量从十万次提升到百万次。

（3）不断迭代是打造爆款内容的关键

只有不断地输出和迭代视频内容，并根据用户反馈和数据分析进行相应的调整，创作者才能提升打造出爆款内容的概率。需要注意的是，创作者不要盲目追随热点，热点往往昙花一现，过度追求热点容易疲惫。当然，如果当前热点能够与创作者的内容相得益彰，创作者就可以借助热点进行深入剖析，但不用每期内容都追求爆款效果。

2.3.1　策划内容矩阵，制定内容生产目标

在制作内容时，内容团队通常会先规划内容，即构建内容矩阵。不同的账号由于定位不同，内容矩阵的方向也会有所不同。

构建内容矩阵的意义

（1）明确内容方向

通过构建内容矩阵，内容团队能够明确地界定所要生产内容的主题、类型及发布目标，从而确保内容创作始终沿着规划的方向稳步推进。

（2）保持内容多元化

内容矩阵的设计允许内容团队规划出多样化的内容类

型，这样不仅能满足各类用户的需求，也能防止内容过于单调，进而丰富用户的体验。

（3）优化资源配置

通过前瞻性的规划，内容团队可以有效地分配时间和调拨资源，以确保内容的质量和数量均能达到预期标准，同时避免资源浪费或内容匮乏。

（4）提升账号吸引力

一个真实而立体的账号往往更有吸引力。内容矩阵的规划有助于全面展示账号的多个层面，使用户能够感知到真实、富有活力的账号形象。

（5）增强用户黏性

用户在浏览内容时，如果能够一眼识别所输出内容的类型，将有助于他们做出是否关注的决定，并进一步提升用户的忠诚度和满意度。

构建内容矩阵的步骤

（1）明确账号定位

清晰地确定个人或企业账号的定位是构建内容矩阵的基础。由于不同账号的定位差异，其内容矩阵的构建方向也会有所不同。

（2）规划内容类型

基于账号定位，进一步规划出不同类型的内容，如专业性内容、技术性或产品类内容、个人感悟及线下活动内容等。企业账号，如汽车之家的不同业务线账号，可根据自身的侧重点规划出不同的内容矩阵。个人账号同样可以构建多元化的内容矩阵，包括但不限于工作相关内容及个人日常感悟的分享。

（3）制定内容计划表

提前制定每周或每月的内容计划，并明确每期内容的主题和类型。在日常运营中，内容团队应提前进行规划，为了保持内容的丰富性和对用户的吸引力，可以输出多种类型的内容。例如，每周规划几期专业内容和几期个人感悟内容，以确保内容的有序输出。

（4）创建合集与打标签

在规划好内容矩阵后，为每个视频内容打上相应的标签，并利用合集功能将相同类型的内容进行归类。例如，可以创建干货合集、产品介绍合集、用户反馈合集等。同时，为短视频打上赛道标签、垂类标签及精准标签，以帮助用户更清晰地了解内容类型，引导他们关注。

（5）持续调整与优化

根据用户的反馈和数据分析结果，不断对内容矩阵进行调整和优化，包括优化内容类型和调整内容输出的节奏等，以更好地满足用户需求并适应市场变化。

2.3.2　保持话题敏感度，积累选题

积累选题的习惯能够为创作者的创作提供源源不断的灵感，从而增加打造出爆款内容的可能性。为了有效积累选题，创作者需要对生活保持高度的敏感性，细心捕捉工作和生活中的点滴，发现哪些内容可以作为视频的选题。创作者可以建立一个专门的选题库。我一般使用思维导图工具，每当有灵感时就记录下来。在每周策划新内容时，创作者可以回顾选题库的内容。

另外，在追求爆款内容的同时，创作者必须坚守内容的真实性，不能因为盲目追求热度而过度包装或修饰。一些创作者为了追求爆款，制作出与自己人设不符的内容，最终不仅影响了个人声誉，还连累了所在的企业。其实，真挚的情感流露才能触动人心，为用户提供情绪价值。创作者只要保持恒心，用心创作，总有一天能够打造出自己的爆款视频。

2.3.3　通过 AI 工具高效生产文案

有了 AI 工具的助力，创作者能够显著提升内容生产的效率。自 ChatGPT 及国内类似的 AI 工具（如文心一言、科

大讯飞等）问世以来，这些 AI 工具给创作者带来了很大的帮助。

以我的写作经历为例，我一般在清晨的安静时段写作，文字都是一字一句地敲出来的。现在有了 AI 工具，我先通过语音转文字技术快速记录下自己的想法，再借助文心一言等 AI 工具进行精细润色。这样我就能在半小时内完成一篇约 3000 字的文章，工作效率得到了显著提升。

我个人使用最频繁的工具是百度的文心一言。我也尝试使用过 ChatGPT 等其他智能助手，但在写文章方面，感觉不如国内的 AI 工具更贴近中文语境和文化背景。在对比了豆包、讯飞星火等多款工具后，我最终选择使用文心一言。这主要得益于文心一言丰富的语料库及转文字风格与我的需求比较契合。当然，创作者可以根据自身的实际情况和工作习惯来做出最适合自己的选择。

我使用 AI 工具创作一篇 1000 字以内的视频号口播文案的步骤如下。

前提条件：下载 App——讯飞 AI 笔记、文心一言。

第一步，将想表达的全部讲出来，使用讯飞语记的语音转文字功能。

第二步，将文字复制下来，粘贴到文心一言 App 中，输入指令"请帮我润色如下文字，使其适合发表到视频号平台；1000 字以内，语句简洁、不啰嗦"。

第三步，检查更正 AI 润色好的文案，开始录制视频。

只要有灵感，以上三个步骤在 30 分钟内就能完成。如果没有 AI 工具，一字一句地组织语言，再修改，至少需要 2 小时。使用 AI 工具润色文案是不断调整指令的过程，如果对 AI 工具生成的文案不满意，可以多生成几次。

2.3.4　视频拍摄及剪辑实操方法

如果创作者拥有专业的拍摄团队，拍摄一般会使用专业的摄像机、灯光、三脚架等设备，以确保视频制作的质量。个人创作者如果不是对短视频有非常高的质量要求，只要准备一部手机就足够了。要想保持创作的持续性和热情，降低各方面的成本非常重要，既包括金钱成本，也包括时间和精力的投入。所以，我现在的拍摄工具已经简化为手机和话筒。下面是我录制视频和剪辑的过程，以口播类内容为主。

- 拍摄设备：手机、领夹式话筒。
- 拍摄环境：找一个安静的环境，背景最好有绿植；确保灯光适宜，白天最好是自然光，不要太亮。

- 录制工作：使用剪映，将文案导入提词器。
- 视频剪辑流程如下。

　　（1）将视频导入剪辑软件，设置视频比例为 4∶3。

　　（2）调整视频倍速，一般调整至 1.1 倍。

　　（3）删减冗余和有卡顿的视频片段。

　　（4）添加品牌标志。

　　（5）设置视频画面的饱和度、色温、锐化、亮度等参数。

　　（6）增加字幕，使用剪辑软件自带的字幕识别功能。

　　（7）增加画面素材和特效，增强视频的互动性。

- 剪辑的注意事项如下。

　　（1）保持视频尺寸和封面的一致性。

　　（2）稍微调小背景音乐的音量。

- 剪映的特色功能如下。

　　（1）高清画质且有降噪功能，有助于提升视频质量。

　　（2）海量 AI 素材。

2.4　内容发布细节做到位，才能有长尾流量

　　创作者制作了一期内容后，紧跟着的关键环节便是发布视频。在这个步骤中，许多创作者经常会忽视一些重要的细节。事实上，创作者应对发布过程中的每个细节都予以充分

关注，这样可以显著提升视频的长尾流量，从而为创作者带来更持久的曝光和影响力。本节将详细介绍发布视频前的注意事项、发布视频的具体步骤，以及原创声明的注意事项等。

2.4.1　发布视频前的注意事项

（1）再次确定视频尺寸

前文讲过每期视频尺寸保持一致的重要性，在发布视频前需要再次确认是否与其他视频尺寸相同，以确保创作者主页上的所有视频都能呈现出统一且美观的视觉效果。同时，一个吸引人的封面设计和醒目的标题也是吸引用户点击观看的关键。

（2）发布时间

最好选择一个固定的发布时间。上午 7:00—10:00 或晚上 7:00—10:00 是视频浏览高峰期，创作者可以选择在这两个时段发布视频，以提升视频的曝光率。

（3）视频与公众号联合发布

视频发布后，如果公众号与视频号已经关联，可以在公众号的文章中引用已经发布的视频。公众号粉丝积累多的创作者可以为视频号增加曝光度。在视频号发布视频时可以关联公众号文章，但关联公众号文章有条件限制，即文章在 7

天内发布且文章的浏览量大于 10000 次。符合要求的创作者一定要充分用好这个功能，形成图文与视频互补的传播效应。视频发布后可分享到朋友圈及社群，利用私域流量进行传播。

2.4.2　发布视频的具体步骤

（1）进入视频号主页，点击"发表视频"（以手机端为例），如图 2-17 所示。

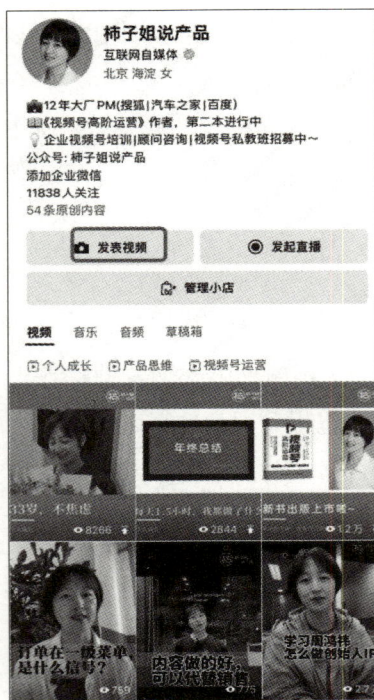

图 2-17　发表视频入口

视频发布支持手机端和 PC 端，一般 30 分钟以内的视频使用手机端发布。如果视频时长超过 30 分钟，就要使用 PC 端发布。

（2）选择准备要发布的视频，在发布视频页中需要填写话题、提到、位置、活动、链接或商品，以及设置原创等。发布视频页面如图 2-18 所示。

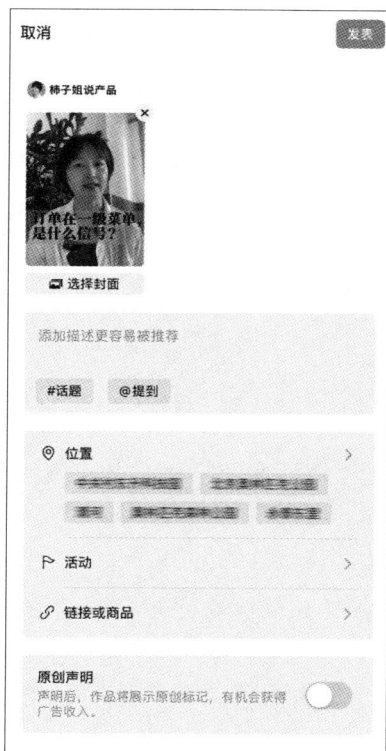

图 2-18　发布视频页面

- 话题：一条视频可以设置 3 个话题标签，从账号定位角度出发，分别设置账号所在赛道标签、子赛道标签、精准标签。

  赛道标签：指视频内容所属的大领域或主题分类，它有助于平台和用户快速识别视频的主要内容和方向。

  子赛道标签：在赛道标签的基础上进一步细化，指明视频内容所属的具体细分领域或子主题。它有助于精确地定位视频内容，并吸引具有特定兴趣的用户。

  精准标签：对视频内容的详细描述，通常与视频的具体内容、特色或关键词相关。它有助于平台将视频推送给最可能感兴趣的用户群体。例如，创作者的账号定位是美食博主，发布的视频内容是家常菜西红柿炒鸡蛋的做法，那么标签可以设置为"#美食 #家常菜 #西红柿炒鸡蛋 "。设置话题标签是视频吸引目标用户的关键，同时平台也能够清楚创作者的定位，从而为视频打标签，再将视频推送给匹配的用户。

- 提到：通过"提到"功能，创作者可以与其他视频号或用户产生互动。这样不仅能够拓宽社交圈子，还可能将视频内容传播给更广泛的用户。

- 位置：地理位置的标注对地域性内容的推广很重要，能够帮助本地用户发现创作者的视频，同时也为那些对特定地区感兴趣的用户提供了发现匹配内容的途径。

- 活动：无论是参与还是发起活动，都能为视频号带来更多关注度和互动机会。活动信息能够激发用户的兴趣，促使他们更积极地参与到创作者的视频内容中来。

- 链接或商品：发布视频时，创作者可以添加公众号链接或关联商品，这是视频号变现的重要工具。例如，我的账号在发布视频时关联自己的书《视频号高阶运营》，为自己的书带货。如果内容优质，播放量数据不错，就会有相应的转化。商品数据页面如图 2-19 所示。

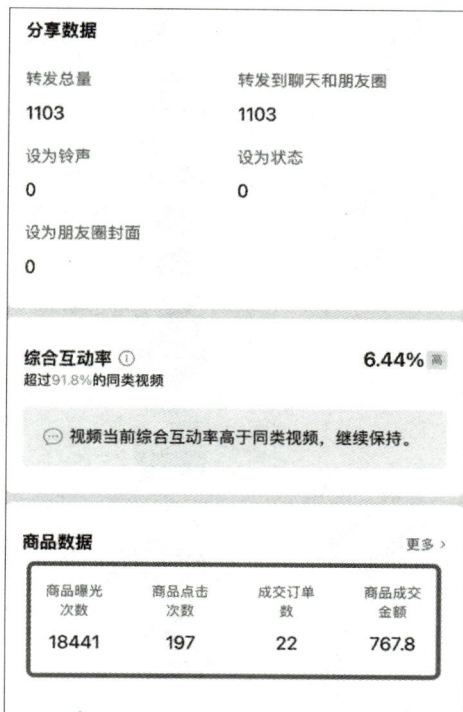

分享数据

转发总量	转发到聊天和朋友圈
1103	1103

设为铃声	设为状态
0	0

设为朋友圈封面
0

综合互动率 ⓘ　　　　　　　　　**6.44%** 高
超过91.8%的同类视频

☺ 视频当前综合互动率高于同类视频，继续保持。

商品数据　　　　　　　　　　　　　　更多 ›

商品曝光次数	商品点击次数	成交订单数	商品成交金额
18441	197	22	767.8

图 2-19　商品数据页面

2.4.3　原创声明的注意事项

在发布视频时，明确声明内容的原创性至关重要。这不仅能够保护创作者的创作成果免受侵权，还能提升用户对创作者作品的信任度和认可度。在发布视频时如果没有设置原创声明，后续可以进入"创作者服务"——"原创保护记录"中找到没有被保护的视频进行原创声明设置，如图 2-20 所示。

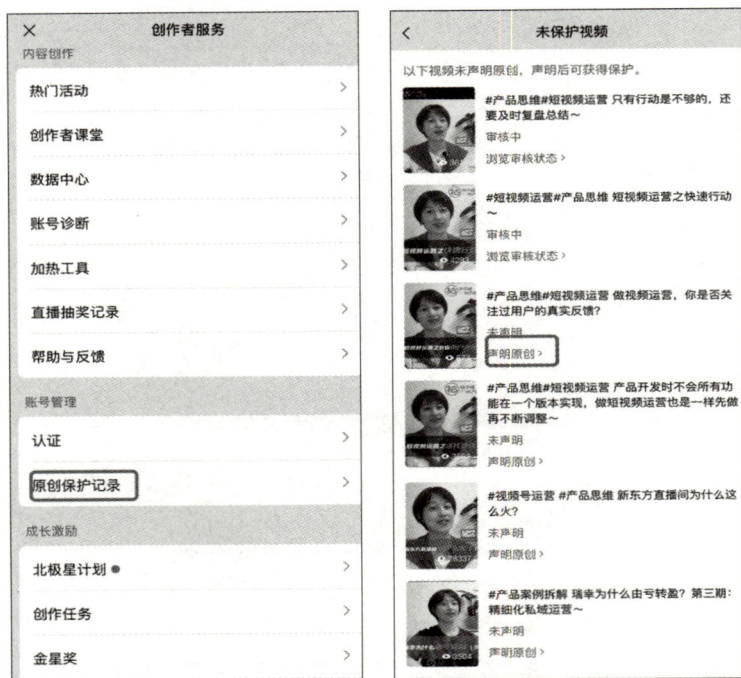

图 2-20　原创声明设置

　　设置授权账号后，如果被授权账号发表的内容与声明的原创作品相同，将不会受到流量限制。每个作品可以设置 5 个授权账号，设置授权账号页面如图 2-21 所示。

图 2-21　原创授权账号设置

第 **3** 章

视频号流量增长的
实战技巧

第 2 章讲解了从零开始打造视频号账号的详细流程，本章将聚焦如何促进流量增长，内容主要包含运营目标制定、视频号的推荐逻辑、与公众号结合运营、视频号配套私域运营及线下活动结合运营等。

3.1　运营目标清晰，获取流量更精准

在运营视频号时，创作者要根据业务的具体目标制作视频号的运营目标。本节将从明确视频号运营目标、制定关键绩效指标及复盘与调整运营策略三个方面阐述说明。

3.1.1　明确视频号运营目标

产品在上线初期和成熟期的运营目标是不同的。在产品上线初期，要更注重用户反馈，以便优化产品。当产品运营一段时间后，要关注用户增长及订单转化情况等。运营视频号也是一样的，刚开始运营的账号与运营一年的账号目标不同，随着业务的发展和运营经验的积累，创作者运营目标也

需要不断地调整。创作者需要为视频号运营设定长期和短期的目标。例如，以年为单位的目标，并进一步细化为季度目标、月度目标。

以实体行业运营视频号为例，实体行业从业者一般有一定的业务基础，运营视频号是为了在业务基础上获得增量。例如，目标设定为与去年业绩相比增长 30%，那么就要基于整体业务目标设定视频号的运营目标。视频号运营的目标可能更加多元化，包括增加用户数量、提升视频的点赞量和收藏量等。

值得注意的是，单纯的数据并不能全面反映业务的情况。例如，拥有 10 万个用户的账号不一定比拥有 1 万个用户的账号更有价值，因为还需要综合考虑用户反馈、订单转化等数据。

视频号运营目标的制定应遵循以下步骤。

（1）紧密结合业务需求

确保所设定的运营目标与整体业务战略保持一致，这样视频号的运营才能有效地推动整体业务的进步。

（2）明确视频号在业务中的作用

创作者要深入理解视频号在推动业务中扮演的具体角

色，如用于提升品牌知名度或作为获取销售线索的渠道。以汽车行业为例，如果是经销商运营的视频号，其目标可能是吸引潜在客户到店，那么创作者就需要明确客户的来源，以及如何有效地将他们转化为客户。

（3）设定具体、可衡量的目标

例如，在视频号运营初期，创作者可以设定一个具体的用户增长目标，如吸引 1000 位新用户，并对每期的视频播放量、点赞量和评论量做出预估。

（4）努力提升内容的传播力

为了增加视频的播放量，创作者可以积极地将视频分享到各类群组，并鼓励用户进行点赞和分享，从而扩大视频的影响力和可见度。

（5）数据分析与优化

每期视频发布后，创作者都应对关键的数据指标进行分析，如完播率、点赞量和新关注量等，以此评估视频的表现，并根据这些数据优化后续的内容制作和推广策略。

3.1.2　制定关键绩效指标

3.1.1 节探讨了如何根据业务目标明确视频号的运营目标，本小节主要介绍运营目标，包括提升品牌知名度、销售线索量或订单量等，以及如何针对这些运营目标制定关键绩效指标。

（1）提升品牌知名度的关键绩效指标

如果创作者运营视频号的目标是提升品牌知名度，让用户更深入地了解品牌理念、产品实力及品牌影响力，那么播放量和点赞量将成为创作者重点关注的指标。在这个阶段，下单量并非创作者的主要考量因素。通过细致观察视频的播放量、点赞数、收藏量及转发量，创作者能够有效地评估品牌在市场中的接受程度和在行业内的认可度。

（2）提升销售线索量的关键绩效指标

如果创作者的运营目标是收集销售线索，销售线索的获取便是衡量视频号运营情况的主要指标。为了便于潜在客户联系创作者，创作者可在视频区域关联企业微信等。

（3）提升订单量的关键绩效指标

对于带货类账号，订单量是关键绩效指标。创作者可以通过短视频挂视频号小店的链接和直播两种方式提升订单量。

3.1.3　复盘与调整运营策略

"复盘"这两个字，我们并不陌生。在平时的产品研发工作中，季度复盘和月度复盘是不可或缺的重要环节。复盘并不是为了挑剔或指责，而是为了共同回顾近期工作成果，共同探讨改进计划。

同样，对于视频号运营而言，养成复盘的习惯至关重要。团队负责运营账号时可以每周进行一次复盘。例如，固定在周五或周一进行复盘，可以从视频运营的数据、用户的反馈、转化成果等维度分析，这样能够很快定位运营的问题，同时也为下周的工作做好计划。我在运营账号的过程中也会每周记录数据情况。当开始记录时，我会很容易发现自己存在的问题，并迅速思考如何解决。例如，当在剪辑上遇到难题时，我会迅速寻求剪辑高手或同行的帮助。将复盘的内容落笔于纸上，会让我更加清晰地意识到问题所在，并找到切实可行的解决方案。

表 3-1 是复盘模板，创作者可以参考。

表 3-1　复盘模板

部分	子项	详细内容
基本信息	复盘时间	××××年××月××日
	复盘周期	××××年××月××日 — ××××年××月××日
	视频号名称	××

（续表）

部分	子项	详细内容
目标回顾	运营目标	增加粉丝数、提升视频播放量、提高互动率等
内容回顾	预设 KPI	
	发布视频	视频标题与发布日期、视频主题与核心信息
运营效果分析	视频表现	播放量、点赞数、评论数、分享数等关键数据
	粉丝增长	周期内新增粉丝数、粉丝增长趋势分析
	视频播放量	各视频播放量对比、播放量高峰与低谷分析
	用户互动	用户评论热点与情感倾向、点赞、转发等互动行为分析
问题与应对措施	遇到的问题	内容创作瓶颈、用户互动不足、视频推广效果不佳等
	应对措施	调整内容策略、增加互动环节、优化推广方式等
经验教训与改进策略	经验教训	成功的内容创作与推广经验、用户喜好与行为特点洞察
	改进策略	内容创新方向、互动提升措施、粉丝维护与增长策略
后续行动计划	运营目标与 KPI	
	具体行动	内容规划与制作计划、推广与合作计划、互动与粉丝维护计划等

3.2　掌握视频号的推荐逻辑，轻松获得流量

想让视频在发布后获得更多流量，创作者就要充分了解平台算法推荐的机制。抖音、小红书和视频号等平台有各自独特的算法。视频号的推荐逻辑主要基于社交，先获取一部分流量，然后通过内容、画质和标签等因素初步判断视频是否受欢迎。在这个判断过程中会参考很多指标，如账号成熟度和内容发布频率等，再通过用户的反应和点赞率决定是否给创作者更多流量。不同平台的视频推荐算法都是动态调整的，创作者不必过于关注平台算法，只需做好内容和用户服务，简单了解平台的风格和属性即可。

因此，发布视频后，创作者需要在私域广泛传播。运营视频号更复杂、更累，这也是视频号与其他平台的不同之处。接下来，我会详细讲解如何运营视频号以获取更多流量，并分享我平时使用的一些方法。

3.2.1　自然流量的获取方法

自然流量的获取有以下 5 种方法。

（1）创作高质量内容

视频号的推荐逻辑是社交推荐，优先看好友点赞率。创

作者的视频质量高、利他，并且传达正确的价值观，身边的好友才愿意点赞，所以高质量、对用户有价值的内容是获取自然流量的基础。如果刚发布的视频有五六百次的播放量，随着好友点赞量的增加，播放量可能逐渐提升到 1000 次、2000 次，甚至达到 1 万次。

（2）增加好友数量

因为视频号平台以社交推荐为主，所以要通过私域流量撬动公域流量，这也是视频号创作者必须掌握的方法。获取自然流量的关键在于，发布视频后要想办法让微信社群和朋友圈里的人点赞。好友数量多可以增加视频的初始播放量，进而提升视频被推荐的概率。做视频号实际上是在推动创作者不断增加好友数量，并努力获得身边好友的认可。但前提是需要创作高质量的内容，让好友愿意点赞。这样视频才可以迅速脱颖而出，获得更多的自然流量。

（3）提升点赞率

达到 20% 以上的点赞率，有助于平台下发更多的流量。创作者可以通过让身边的朋友帮忙点赞来提升点赞率。我刚开始发视频时，曾尝试让身边的朋友帮我点赞，但前提是内容要利他、有价值，因为朋友点赞的内容也代表了他们的价值观。

（4）注重完播率

决定一期视频能否被平台推荐的因素有播放量、完播率、平均播放时长、3 秒以上播放率等，其中比较重要的是完播率。一般 40 秒以上的视频，如果完播率在 40%～45%，平台会将其判定为质量比较高的视频。

（5）利用微信社群和朋友圈

发布视频后，积极分享到微信社群和朋友圈，并鼓励好友点赞，以提升视频的曝光度和点赞数。

3.2.2　提升搜索曝光度

发布视频时，关键词和标签要设置好，以便于用户搜索。用户想搜索问题时，更多是通过小红书、视频号或抖音等短视频平台搜索，而不是百度、360 等传统的搜索引擎。为了顺应用户的使用习惯，创作者需要考虑发布的内容如何在搜索中得到更多曝光。

以下是提升搜索曝光度的技巧。

（1）设置有吸引力的标题

在制作短视频时，起标题非常重要，甚至能决定视频的流量。在起标题时，创作者应该站在用户的角度，想一想用户的痛点是什么。但标题要与内容一致，不能为了打造爆款视频而起一个与内容不相关的标题。

（2）提供有价值的内容

视频内容要对用户有价值，提供实用的信息或方法。如果视频的点赞数和收藏数较高，那么被用户看到的概率就更高。

（3）添加精准的话题

发布视频时，要添加 3~5 个与视频内容紧密相关的话题，这样平台会根据设置的话题将视频推荐给匹配的用户。例如，我的账号有几期视频讲关于公众号的内容，在发布视频时添加的话题是"公众号"，这期视频的点赞量在 100 以上，当用户在微信平台搜索"公众号"时，平台会将我的视频展示出来，如图 3-1 所示。

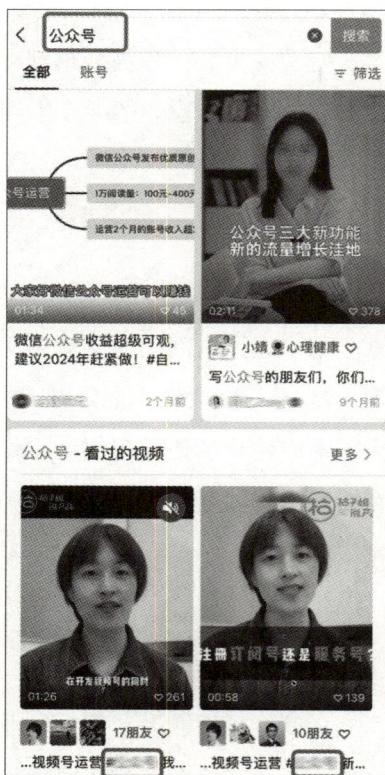

图 3-1 在微信平台搜索"公众号"

3.2.3　邀请好友共创与裂变传播

除了有针对性地将视频转发给亲朋好友或特定的社群，创作者还可以尝试与身边的朋友共创视频内容。我曾经在运营视频号时结合比较热门的综艺节目《乘风破浪的姐姐》，策划了以"乘风破浪的产品经理"为创意主题的系列视频。我邀请了 10 位来自不同领域的互联网从业者，他们是产品经理，以及日常合作的开发、测试和运营团队成员。

我为他们编写好视频主题与拍摄脚本的基本框架，详细说明视频录制的相关要求，他们只需依照这些要求进行录制即可。在所有视频素材收集完毕后，我花了一周的时间剪辑每段视频。当我把剪辑完成的作品分享给他们时，他们中的许多人都对自己的表现感到满意，并主动将视频分享至个人社交平台，他们身边的朋友会为他们参与的视频点赞。很有趣的是，我发现人缘好、平时爱社交的人的视频效果也较好。

这些视频在我的视频号上发布后，影响力远超我的预期。短短一周内，我的视频号就自然吸引了 500 多位新用户关注。由于我邀请的嘉宾均来自互联网行业，这些新用户符合账号的用户画像，极大地提升了视频号的整体质量和用户黏性。所以，创作者在运营视频号的过程中可以利用邀请好友共创的机制达到裂变传播的效果。

3.2.4　加热推广的策略与实操

视频号平台的加热功能越来越完善，创作者可以通过加热功能触达更多用户。平台鼓励创作者持续发表原创、优质内容，加热推广的内容必须符合微信的内容规范，涉及搬运、低成本制作、夸张混剪、视频内容与商品不一致等都不能通过审核。

视频加热的步骤如下。

（1）在视频号的"创作者服务"模块点击"加热工具"，如图3-2所示。

（2）选择要加热的视频，点击"去加热"，如图3-3所示。

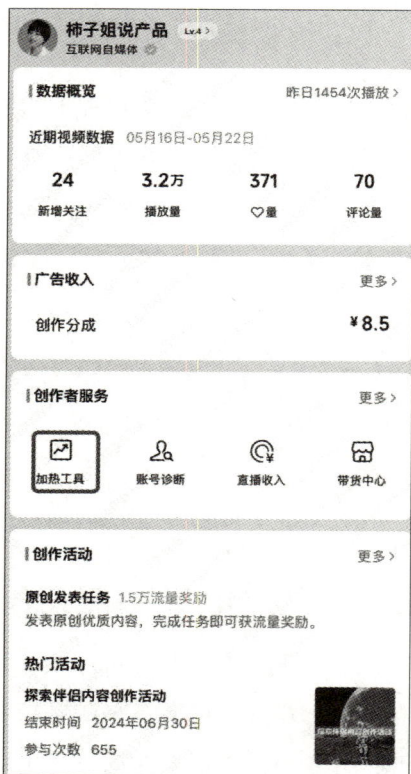

图3-2　点击"加热工具"

图 3-3 选择要加热的视频

（3）创建商品加热计划，选择加热对象，设置优先提升目标、出价方式、下单金额等信息，如图 3-4 所示。如果视频中有商品链接的提升目标是商品点击数、商品成交数、成交 ROI，则不能设置点赞数、关注数等目标。

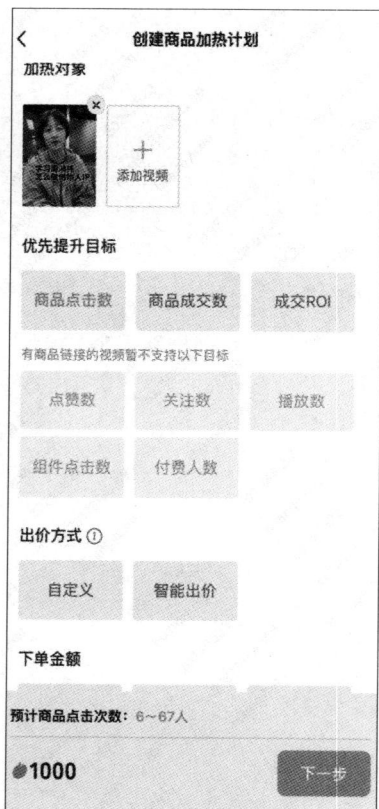

图 3-4　设置加热目标

（4）如果选择定向加热，创作者可以根据人群加热，这适合做本地账号的创作者。例如，你是北京海淀区清河片区的房地产中介人员，那么可以加很多本地的生活社群，使用"根据人群推荐—群聊"功能（见图 3-5），选择想投放的社群，视频投放的人群就非常精准。

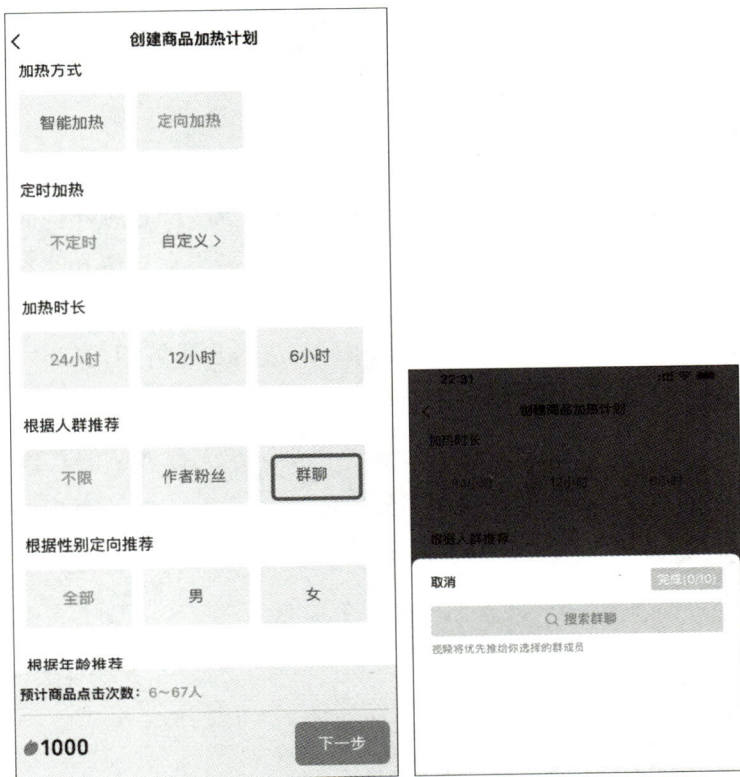

图 3-5 加热人群选择

3.3 运营公众号，与视频号相互补充

2020 年视频号刚上线时，我就注意到了这个功能，以及它与公众号之间的联系。运营视频号是我能够长期为公众

号输出内容的原因之一。视频通常时间较短，很多人看视频可能只看 1 分钟左右，但很多真正有价值的内容仅通过视频是难以讲透的。

因此，我把公众号文章和视频结合起来，每期视频的内容都与相应的文章相辅相成，这样做能为我的公众号引流。

很多用户在看到视频后，如果想进一步了解相关信息，就会通过公众号获取更全面的信息。运营视频号前，我的公众号基本没有粉丝，我把公众号当作用户更深入了解我及联系我的工具。此外，现在还有一些用户习惯于阅读图文内容。因此，视频号和公众号的搭配给创作者提供了很大的发挥空间，创作者一定要利用好这个功能。

3.3.1　公众号对于视频号运营的 5 大意义

公众号和视频号是创作者品牌推广、扩大影响力的重要平台。对于视频号运营，公众号扮演着重要的角色。公众号对于视频号运营具有以下 5 大意义。

（1）流量导入与共享

公众号作为拥有庞大用户基础的社交媒体平台，能够为视频号提供稳定的流量来源。在公众号中嵌入视频号内容或提供链接，可以轻松地将公众号的用户引导至视频号，从而提升视频的曝光率和观看次数。这种流量共享形式对于提升视频号的知名度和影响力至关重要。

（2）内容互补与提升

公众号以图文为主，而视频号侧重于视频。二者在内容形式上形成互补，为用户提供更为丰富多样的信息。公众号可以通过精美的图文介绍为视频号预热，引发用户的兴趣和期待；而视频号可以通过生动的视频内容进一步展现细节和动态效果，提升用户的观看体验。这种内容上的互补与提升有助于增强用户的黏性，提升用户的忠诚度。

（3）品牌塑造与传播

公众号和视频号共同构成了个人或品牌形象。通过发布高质量的内容，创作者可以在用户心中塑造出独特的品牌形象。公众号通过文字传递品牌理念和故事，而视频号则通过直观的视频展现品牌的视觉形象。二者相结合，能够更全面地展示品牌的内涵和特点，从而提升品牌的认知度和美誉度。

（4）用户互动与反馈

公众号和视频号都提供了与用户互动的功能，如评论、点赞和分享等。通过这些互动功能，创作者可以及时了解用户的反馈和需求，为内容创作提供有益的参考。同时，创作者与用户互动还能增强用户的参与感和归属感，进一步巩固与用户的关系。这种互动与反馈机制对于优化内容策略、提升用户满意度具有重要意义。

（5）营销与推广渠道

公众号和视频号不仅是内容发布的平台，更是营销和推广的重要渠道。通过在公众号和视频号上发布优惠活动、产品介绍等内容，创作者可以吸引更多潜在用户并将其转化为实际购买者。同时，公众号和视频号还可以相互配合，形成营销闭环：通过公众号发布活动信息引导用户至视频号进行详细了解，再通过视频号的直观展示促成交易。这种营销推广方式能够有效地提高转化率，实现商业价值。

综上所述，公众号对于视频号运营具有重大意义。它不仅为视频号提供了稳定的流量来源和内容互补的机会，还是品牌塑造、用户互动及营销推广的重要渠道。因此，在视频号运营过程中应充分利用公众号的优势资源，实现二者的协同发展。

3.3.2　订阅号与服务号的区别

公众号作为连接企业与用户的桥梁，在营销、服务、信息传播等方面发挥着重要作用。其中，订阅号和服务号是两种不同类型的公众号，它们各自具有独特的特点和功能。下面将详细介绍这两种公众号的区别。

（1）运营主体不同

任何组织和个人都可以申请订阅号，运营门槛相对较低。这意味着个人也可以拥有订阅号，无须复杂的资质。

服务号主要面向企业或组织机构，不支持个人注册。因此，服务号通常具有更高的专业性和权威性。

（2）功能差异

- 自定义菜单：订阅号和服务号都支持自定义菜单功能，但服务号的自定义菜单功能更加高级，给开发者留了接口，可根据实际需求进行更复杂的设置。
- 支付功能：订阅号无法开通支付功能，而服务号在通过认证后可以开通支付功能。这使服务号在商业交易、在线支付等方面具有更大的灵活性。
- 消息推送频率：订阅号每天可以群发一条消息，适合需要频繁更新内容的运营者。而服务号一个月只能群发 4 条消息，更注重消息的质量和精准度。

（3）显示位置与使用场景差异

- 显示位置：订阅号集中显示在微信的"订阅号"文件夹内，用户需要打开该文件夹才能查看。而服务号则像聊天窗口一样直接浮现在微信聊天页面中，方便用户随时查看和互动。

- 使用场景：订阅号适用于频繁发布内容、传递信息的场景，如新闻媒体、博客等。服务号则更适合提供专业服务、进行商业交易的场景，如电商平台、在线客服等。

综上所述，订阅号和服务号在运营主体、功能、显示位置与使用场景等方面存在显著差异。选择哪种类型的公众号取决于运营者的具体需求和目标受众。了解这些差异有助于创作者更好地利用公众号这个强大的营销工具，提升品牌影响力并实现商业目标。

3.3.3　写公众号文章的实操步骤

（1）登录公众号平台，选择创作类型

在"新的创作"模块，创作类型有图文消息、选择已有图文、图片/文字、视频消息、转载、音频消息、直播。我一般以图文为主，用选择已有图文的方式编辑，如图 3-6 所

图 3-6　选择已有图文

示。在选择已有图文模式下，可以使用之前发布过的图文格式，创作效率更高。

（2）撰写文章标题

标题是吸引用户点击阅读的第一要素，因此创作者在构思标题时需要颇费心思。一个吸引人的标题能够激发用户的好奇心，引导用户点击进入并阅读全文。注意标题应该与内容紧密相关，避免使用过于夸大或与内容不符的标题。

（3）修改与优化头图

头图是公众号文章的门面，一张精美且与内容相关的头图能够大大提升文章的吸引力。在选择头图时，应注重图像的清晰度、色彩搭配及其与文章主题的关联性。精心挑选和修改的头图可以让创作者的公众号文章在众多内容中脱颖而出。公众号图文样式如图 3-7 所示。

（4）撰写文案与调整格式

将写好的文案复制到已选的图文中，可以根据已有的图文模板进行调整。在调整格式时，注意段落间距、字体大小和颜色等细节，还可以将文章中的重点用其他字体或颜色标出来，以确保用户在阅读时能够获得舒适的视觉体验。同时，文案的内容也应与标题和头图相呼应，形成和谐统一的整体。

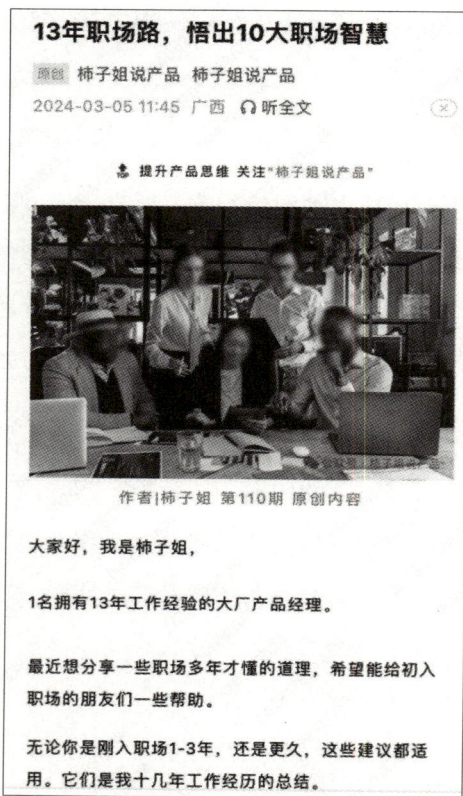

图 3-7 公众号图文样式

（5）发布前进行最后的检查

在发布前，务必进行最后的检查，确认标题、头图和文案均符合预期，并且没有语法错误或排版问题。虽然这个步骤看似简单，但对于保证内容质量至关重要。

3.4　视频号配套私域运营，形成流量自循环

相比其他短视频平台，视频号的显著优势在于它特别适合进行私域运营。只要将视频号与私域运营策略紧密结合，便能高效地通过私域流量撬动公域流量，这个独特优势是其他平台无法比拟的。

视频号的推荐逻辑高度依赖好友推荐，如果创作者的视频内容被好友首先点赞，那么平台将赋予该视频更多的流量。每当发布新视频时，除了在公域发布，创作者还应积极地将视频内容分享到已有的私域社群中。

3.4.1　通过视频号扩大私域流量池

（1）私域流量的定义

私域流量也被称为自有流量，通常是指企业或个人自主拥有并可以反复利用、无须付费、能够随时触达用户的流量。它主要来源于社交渠道及企业自己运营的 App，如微信生态下的朋友圈、公众号、企业微信。

（2）私域流量的优势

私域流量的主要优势是低成本、凝聚力强、可反复利用。规模越大，意味着用户黏性和下单转化率越高。

（3）私域流量的重要性

在业务运营中，私域流量的规模越大，通常意味着更高的用户黏性和下单转化率。因此，众多企业开始重视并投入资源建设私域流量池，甚至有些企业设立了专门的私域运营部门。然而，如何持续有效地扩大私域流量，对于许多企业和视频号创作者来说，仍是一个亟待解决的问题。

（4）视频号是实现私域增长的关键

视频号的内容和直播功能为私域流量的增长提供了有力支持。通过发布有价值、与定位高度相关的内容，创作者可以吸引更多公域流量中的潜在用户。这些用户一旦对内容产生认同，就有可能转化为私域流量中的一员。例如，车企通过发布新车型推荐、优惠信息等内容，可以吸引潜在购车用户的关注，进而将用户引入私域流量池。

3.4.2　通过私域提升视频号的曝光量

由于视频号的推荐机制依赖好友点赞，因此创作者发布视频后不能被动等待他人的点赞，主动出击是关键。

发布视频后，创作者需要做的事情如下。

- 分享视频到朋友圈，扩大曝光量。将视频分享到朋友圈，这是扩大曝光量的有效途径。更重要的是，如果创作者拥有私域流量，一定要充分利用。

- 利用私域流量，分享视频到私域社群。将视频分享到私域社群中，通过私域先行曝光创作者的优质内容。当私域中的用户观看视频并点赞后，平台会为创作者分配更多的公域流量。

例如，我最近举办了一次线下活动，大约有 20 人参加。我制作了一期复盘视频。发布视频后，我直接在活动群内进行了分享。由于群成员都参与了活动，他们对视频内容产生了强烈共鸣，并纷纷点赞。到了晚上，我的视频播放量达到了 6 万多次。这个案例说明，只要视频内容有价值并能引发用户共鸣，它就会获得平台的推荐，进而获得高播放量。

因此，创作者在发布视频时，一定要先在私域进行转发。这类似于在推出新产品时寻找各种入口来增加曝光量。社群是创作者曝光视频的一个重要渠道，创作者必须牢牢把握这个流量渠道，以使视频的曝光量和影响最大化。

创作者要通过视频号的内容不断将公域流量转化为私域流量，同时通过私域社群的运营激活用户，鼓励他们回到公域进行更多互动，从而实现流量的自循环，如图 3-8 所示。这种循环不仅可以提升视频号的曝光量与影响力，还能提升私域用户的忠诚度和活跃度，进而提升整体的运营效果与商业价值。

图 3-8　流量自循环

3.4.3　私域运营有助于提升产品力

近年来，私域运营备受关注，无论是大型企业的管理者还是小型门店的经营者，都开始有意识地积累自己的私域客户。然而，也有一些门店经营者对构建私域流量持保留态度，他们担心私域中的客户会指出产品的不足，进而影响店铺的整体形象。实际上，这种担忧反映了他们对自己产品或服务的不自信。

私域运营的核心目的是留住老客户。以新能源汽车行业为例，蔚来、理想等品牌不仅会售卖汽车，还会投入大量资源和精力服务已经购车的车主。例如，定期举办插花、糕点制作、沙龙分享等各种活动，以提升车主的体验。这些车企明白，优质的服务和良好的车主体验可以激发车主自发的口碑传播，从而给品牌带来更多的曝光和潜在客户。

具体而言，私域运营对于产品运营有以下三方面的帮助。

- 产品问题反馈及时：私域运营能够及时反馈客户在使用产品过程中的问题，有助于产品的优化。
- 老客户维系与转介绍：私域的活动推广可以快速触达老客户，利用老客户的社交网络吸引新客户。
- 短视频内容推广渠道：私域是短视频内容推广的优质渠道，每次发布的短视频都可以转发到私域中，从而有效提升产品的曝光量。

总的来说，私域运营不仅对内容运营有积极影响，还有助于产品的迭代和优化。私域运营要求创作者持续优化产品和服务，力求做到最好。因此，是否选择进行私域运营需要创作者根据自身业务特点来决定，选择进行私域运营是对产品和服务质量的一次全面考验。

3.4.4　私域运营中的用户留存与转化技巧

在视频号变现的过程中，私域运营是连接用户、构建信任、促进转化的重要桥梁。通过精细化的私域运营策略，创作者可以有效地提升用户的留存率，并向更高的转化目标前进。微信生态下的私域流量载体主要包括微信个人号、公众号、微信群、微信小程序、微信朋友圈和视频号。下面介绍私域运营中用户留存与转化的关键技巧。

用户留存技巧

（1）提供有价值的内容

私域运营的核心在于为用户提供有价值的内容，包括行业动态、专业知识、实用技巧等，能够满足用户的学习需求和兴趣。创作者可以通过微信朋友圈、公众号、微信社群等方式定期分享这些内容，从而增强用户黏性。

（2）强化与用户互动

与用户互动是提升用户留存率的关键。创作者通过组织线上活动、话题讨论、问答互动等方式，可以增进用户之间的交流和互动，提升用户活跃度。

（3）构建品牌文化

品牌文化是私域长期发展的基础。创作者通过树立品牌的核心价值观、制定运营规则、打造独特的社群氛围等方式，可构建积极向上的品牌文化，让用户产生归属感和认同感。

（4）提供个性化服务

针对不同类型的用户提供定制化的服务。例如，根据用户的兴趣和需求推送相关的内容、组织线下活动等，让用户感受到服务的用心和被关注，从而提升用户留存率。

用户转化技巧

（1）明确转化目标

在私域运营中，要明确转化目标，如购买产品、参与活动、分享内容等。创作者要根据目标制定相应的策略，确保转化过程顺利进行。

（2）构建信任关系

信任是转化的前提。创作者通过真诚的交流、解答疑问、提供帮助等方式，建立与用户之间的信任关系，可以让用户感受到提供内容的价值和温度，从而提升转化率。

（3）优化转化流程

创作者要简化产品转化流程，降低用户的转化门槛。例如，提供一键购买、快速报名等便捷操作，让用户轻松地完成转化动作。同时，要确保在转化过程中保持信息透明、价格合理，避免给用户带来不必要的疑虑和困扰。

（4）运用数据分析

创作者要通过数据分析工具，了解用户的活跃度、参与度、转化率等关键指标；根据数据分析结果调整运营策略，优化用户体验和转化效果。

（5）激励与奖励

设置合理的激励与奖励机制，激发用户的参与热情和转化动力。例如，设立积分制度、优惠券奖励、会员特权等，让用户感受到参与转化的价值和好处。

总之，私域运营中的用户留存与转化需要综合运用多种技巧和方法。创作者要通过提供有价值的内容、强化与用户互动、构建品牌文化、提供个性化服务等方式提升用户留存率，同时利用明确转化目标、构建信任关系、优化转化流程、运用数据分析、激励与奖励等手段促进用户转化，从而在视频号变现的道路上取得更好的成绩。

3.5 线下活动与视频号结合，引爆本地流量

如果创作者的业务具有本地化属性，那么一定要利用线下活动助力视频号的冷启动。在线下活动期间，可以提前准备一些小礼品，让用户关注和为视频点赞或转发。这样来参加活动的用户的亲朋好友就能看到创作者的视频，很快创作者的视频号会被更多的本地用户关注。本节将分享一场线下活动与视频号结合运营的方法。

3.5.1　通过视频号做活动预热

现在很多企业或门店做一场线下活动，仍是以发公众号、发朋友圈、社群转发的方式预热报名，而视频号属于微信生态，具有先天的传播优势，会更有吸引力。创作者可以通过视频号录制并发布活动预告视频，向用户展示活动当天的精彩看点，如特色礼品、预期参与的用户群体等。同时，在视频中加入报名链接，简化用户参与流程，进一步扩大活动的影响力。

如果活动预热做得充分，在实际活动举办时，创作者将更可能达成预期的目标。我建议提前 7 天开始预热工作，确保有足够的时间吸引目标用户。

在发布预热视频后，创作者要积极地在各个用户群、朋友圈等社交渠道进行转发，让更多人提前了解并期待活动。此外，如果有人对活动流程有疑问，创作者可以随时调整，同时也要有人能及时回应，做好承接工作，这些细节的把控都有助于提升活动的整体效果。

3.5.2　通过视频号扩大线下活动影响力

在举办活动时，为了扩大影响力，创作者通常会在现场拍摄素材，并通过视频号直播进一步增强活动的传播力度。

如今，许多企业如小米公司等在发布新产品或举办重大活动时，都会利用视频号进行同步直播和转发。

由于视频号与微信紧密相连，内容的传播变得更加便捷。直播无疑能够显著提升品牌或活动的知名度。过去举办一场线下会议，会议场地的容纳人数是有限的，大一点的可以容纳上千人，而现在通过视频号直播可以让几万、几十万甚至百万人在线观看。

与抖音等平台相比，视频号因其平台的特性，更适合用来扩大活动的影响力。在策划活动时，创作者应提前考虑是否使用视频号进行直播，并做好相应的设备和人员准备。即使不做直播，也可以录制精彩片段，在活动结束后制作成视频，以延续活动的影响力。

此外，如果企业运营公众号，就可以在发布文章时插入视频，这也是一种非常有效的推广方式。

3.5.3　组织一场线下活动

在筹划一场活动时，我们首先要明确活动的主题、目标、地点，以及进行实时的活动监测。无论是大型活动还是小型店内促销，其筹划流程都大致相同。

以我服务的一家智能家居客户为例，其为用户提供整体的智能家居解决方案。在开业之际，该客户想筹划一场活动，目标是让本地用户知道新店开业，了解店里的产品和服务。该客户定的目标是吸引 300 位本地用户进店，并且让进店的用户关注视频号、为视频点赞。筹划线下活动的详细流程如下。

（1）确定活动主题

此次活动的主题是"××××超级体验馆开幕"，活动当天到店的用户都可以免费领取礼品。

（2）确定活动计划

除了确定活动日期，还应预留大约 10 个工作日进行活动筹备，包括活动立项、确定活动目的和形式、邀请嘉宾、准备礼品，以及选定宣传平台等。

（3）活动人员安排

明确每位活动人员的职责，制定详细的活动计划表，包括活动细则、时间节点和对应的负责人。在每日复盘时，根据计划表进行检查和调整。

（4）活动策划与宣传

提前进行活动策划，并通过视频号视频、海报等方式在私域社群进行预热。

（5）活动当天的注意事项

确保每位工作人员的分工明确，数据记录和梳理要有专人负责，以便后续的复盘和总结。同时，邀请摄影师全程记录活动情况，为后续的内容制作和复盘提供素材。

（6）活动复盘

活动结束后，要对活动效果进行复盘。通过数据分析，如报名人数、视频号的点赞量和关注量等，评估活动是否达到预期效果，并思考后续的优化方向。

第 **4** 章

▼

视频号的变现模式及产品设计

运营视频号的目的在于更好地服务产品。在视频号平台，创作者应如何有效地实现内容变现呢？本章将深入剖析视频号常见的变现模式，并提供一些实用的产品思维和实战运营策略，帮助创作者在视频号上更高效地变现。

4.1 选择适合的变现模式

创作者在探索视频号变现的过程中，了解并定位适合自己的变现模式很重要。本节将介绍几种主流的变现模式，如广告植入合作、电商带货、知识付费、实体店引流线下等。每一种模式都有其特点和适用范围，创作者可以根据自身情况和资源优势，选择最适合自己的变现模式。

4.1.1 广告植入合作模式

广告植入是短视频平台上比较成熟的变现模式，已在抖音、小红书等多个平台得到广泛应用。在视频号上，这种模式也日渐成熟，但要想实现广告植入，对内容的要求是比较高的。

广告主之所以选择视频号创作者，首先是因为创作者的内容精准匹配该品牌的用户画像，并为用户提供了实质性的帮助。其次，广告主看中的是内容能否为其产品带来稳定且有效的流量。因此，如果创作者选择广告植入合作模式，在接广告时要谨慎考虑广告内容与自身定位及用户画像是否匹配。例如，如果创作者的账号主打产品知识输出，但接了与保险相关的广告，内容就显得格格不入，会对账号造成负面影响。

此外，创作者还需要为内容制定一个合理的刊例价。这个价格应根据账号影响力、视频时长、植入方式（软植入或硬植入）等多个因素综合确定。在与广告主合作时，要明确合作的时间点、预期目标，并提供合理的报价。项目上线后，创作者还要及时复盘，评估结果是否达到预期，以便为后续合作提供参考。

总之，接一次广告就像制作一个产品，创作者要根据广告主的需求定制广告内容，并确保最终效果能满足广告主的期望。这样做不仅有助于创作者实现变现目标，还能为未来的合作奠定良好的基础。

4.1.2　电商带货模式

电商带货在短视频平台也是很常见的一种模式。对于拥有自己产品的创作者来说，运营视频号是为了给自己的产品引流。自己没有产品的创作者需要与供应商合作。

在合作时，核心的问题是佣金。如果创作者拥有较高的用户数量和影响力，品牌方会主动寻求合作。

如果没有品牌方主动合作，创作者也可选择主动找产品。在视频号平台的带货中心，创作者开通视频号小店后，可以从带货中心挑选合适的商品。以我自己的账号为例，我在视频下方挂了图书《视频号高阶运营》的购买链接，因为这本书已在京东和当当等平台上架，我可以通过视频号小店中的带货中心找到这本书并将购买链接挂到视频下方。

除了直播带货，创作者还可在每期发布的视频下方添加带货商品链接。视频的观看量越大，带货量自然也会相应提升。当然，在选择带货商品时，务必确保商品与账号定位相关。例如，知识类账号可带图书、课程等相关商品，母婴类账号可带育儿、母婴类商品。这样既能保证内容的连贯性，又能提升带货效果。

4.1.3　知识付费模式

在视频号上，有一些在某个领域积累多年的创作者通过分享自己的专业知识吸引了大量用户。当积累了一定数量的用户后，他们便尝试将自身的专业知识转化为课程，以完成变现。做课程需要注意以下几个方面。

（1）课程的推广与服务

制作完课程后，推广和服务是不可或缺的环节。推广能够让更多的潜在学员了解课程，而服务则能提升学员的学习体验和满意度。

（2）重视课程服务

用户购买课程后，服务才是关键，包括课程的完播率、答疑等后续服务。创作者要关注学员的学习进度和反馈，及时提供必要的帮助和支持。

（3）多样化的知识付费形式

除了在线课程，知识付费还包括付费社群、线下大课等多种形式。创作者可以根据自己的实际情况和学员需求灵活选择知识付费形式。

4.1.4　实体店引流线下模式

很多实体店商家正在通过视频号吸引线下客流，这种模式有效地整合了商家的私域流量、视频内容与直播活动。我身边有一些从事实体行业的朋友反馈，他们曾在抖音平台上尝试直播，但效果不好。越来越多的实体店商家开始认识到视频号的潜力，并逐步将其作为营销重点。

实体店本身就拥有丰富的产品线，通过视频号小店直接展示并销售产品成了一个便捷的途径。同时，这些实体店多年经营所积累的老客户是其宝贵的资源。商家可以通过线上视频更新将内容分享至老客户群，使老客户及时了解店内动态，增强彼此间的信任感。这种信任不仅有助于维护老客户，还能通过他们的口碑传播和转发吸引新客户。

视频号在功能设计上也充分考虑了实体店商家的需求，如与企业微信、公众号及视频号小店等平台无缝对接，可以全面满足实体行业在业务上的多元化要求。

因此，对于实体店商家来说，利用视频号平台精心打造内容，并以此为自身业务赋能，显得尤为重要。这不仅能有效提升品牌曝光度和客户黏性，还能开辟新的销售渠道，推动业绩的稳步增长。

4.2　运用产品思维，做好商业闭环

在打造视频号的过程中，我与许多创作者交流过，发现有些创作者误以为只要用户数量足够，就能轻松实现商业化

变现。然而，这种想法其实比较片面。尽管用户数量是一个重要因素，但成功的变现需要多元化的策略。

有些创作者的账号虽然用户不多，但他们账号的变现能力却很强，背后往往有优秀的产品作为支撑。因此，创作者需要以产品的思路运营视频号，而不是先做内容再考虑产品。如果产品设计不佳，那么即使积累了大量用户，也难以有效变现。

在内容多元化的时代，用户对内容的要求越来越高。同时，他们的消费习惯也在发生变化，越来越多的人通过短视频进行直播购物。因此，创作者需要先打磨出优秀的产品，明确产品是为哪些用户服务，并深入研究他们的消费习惯和喜好，再通过视频内容吸引目标用户。

例如，知识付费型创作者的产品可能是课程，在创作内容之前，创作者需要先打磨出高质量的课程，然后制作与课程相符的内容，以实现精准的引流。同样，如果创作者从事电商行业，如销售服装，其最核心的任务是优化产品，包括提升服装的供应链、品质和品牌等，再通过内容放大平台的影响力，吸引精准的用户。

在整个账号运营过程中，很多创作者咨询我，我发现他们更需要的是产品思维，而不仅仅是知道如何做好账号。产品思维能帮助创作者规划如何将线下的产品转到线上运营，从而实现有效的商业化变现。

因此，具备产品思维至关重要，这也是我工作 12 年来积累的重要经验。本节将重点介绍如何培养和应用产品思维，以帮助创作者更好地形成商业闭环。

4.2.1　定位产品的用户画像

互联网产品的核心思维是一切以用户为中心。对每一位致力于视频号变现的创作者来说，深入理解并明确产品的用户画像至关重要。

产品的用户画像即对目标用户群体的细致描绘，它涵盖了用户的基本信息、属性、兴趣等多个维度。这不是简单的数据集合，而是指导创作者进行产品设计、内容创作及市场推广的关键。

从用户的基础信息入手，包括用户的性别比例、年龄分布、地域特征等。例如，如果产品主要面向一线城市的高水平消费者，如豪华品牌汽车的潜在买家，那么创作者的内容创作和推广策略就需更加贴合这些用户的生活方式和审美观念。

除了基础信息，用户的业务数据也为创作者提供了宝贵的洞察。用户在平台上的每一个动作，如下单、咨询、领取优惠券等，都反映了他们的消费习惯和偏好。这些数据不仅能帮助创作者更精准地定位用户需求，还能指导创作者优化产品和服务。

在运营过程中，虽然个人或小型团队可能无法像大型企业那样设立专业的数据团队进行用户画像的深入分析，但仍然可以通过观察私域中的用户行为对用户进行大致分类。这种分类不必过于复杂，但应足够指导创作者制定差异化的运营策略。

例如，创作者可以将已付费的老客户和新引流来的潜在客户分别放入不同的社群。针对老客户，创作者可以提供更加个性化的售后服务和优惠活动；针对潜在客户，创作者可能更需要通过加大优惠力度、提供产品体验等方式吸引他们完成转化。

表 4-1 是一个简化的用户画像模板，创作者可以根据自己的实际情况填写。

表 4-1　用户画像模板

维度	描述	示例或具体数据
性别比例	用户的性别比例	男性用户占 60%，女性用户占 40%

（续表）

维度	描述	示例或具体数据
年龄分布	用户主要集中的年龄段	25~35 岁用户占比最高
地域特征	用户主要来源地区	北京用户占 70%
兴趣爱好	用户的主要兴趣点	汽车、科技、旅行
消费习惯	用户购买频率、价格敏感度	高频购买、对价格敏感
业务数据	用户在平台上的主要行为	浏览多、下单少

通过填写和分析用户画像模板，创作者能更清晰地了解目标用户，从而制定更有效的视频号变现策略。

4.2.2　设计产品卖点，助力视频号变现

在产品开发阶段，明确用户画像后，创作者需要深入研究竞品的特点，并结合自身特色，综合设计出独特的产品卖点。这些卖点将在产品海报上得到突出展示，成为吸引用户的亮点。

以小米汽车为例，其特点包括创新的智能科技、环保理念及完整的生态系统等，这些都可以作为产品的卖点。卖点不一定是全新的想法，但必须是能够打动用户的独特之处。

明确产品卖点对于后续的宣传、品牌建设及用户成交至关重要。设计好卖点后，创作者需要在宣传材料中进行重点强调，让用户能够迅速感知到产品的核心价值。

设计产品卖点时可以从如图 4-1 所示的几个方面考虑。

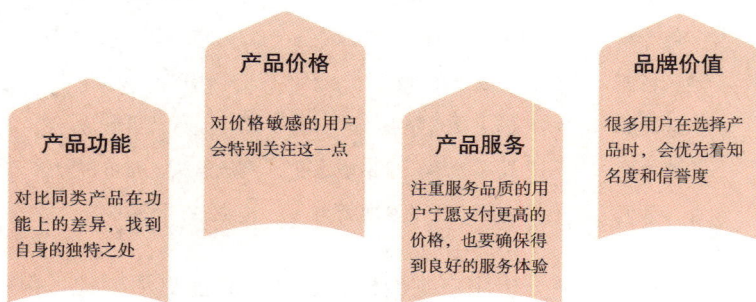

产品价格
对价格敏感的用户会特别关注这一点

品牌价值
很多用户在选择产品时，会优先看知名度和信誉度

产品功能
对比同类产品在功能上的差异，找到自身的独特之处

产品服务
注重服务品质的用户宁愿支付更高的价格，也要确保得到良好的服务体验

图 4-1　产品卖点设计

（1）从产品功能角度

对比同类产品在功能上的差异，找到自身的独特之处。例如，苹果手机以体验优异著称，而华为手机则更符合国内用户的使用习惯。

（2）从产品价格角度

产品的定价与成本紧密相关，有些产品以性价比为卖点。例如，相比苹果手机，小米手机被认为性价比更高，对价格敏感的用户会特别关注这一点。

（3）从产品服务角度

优质的售后服务是吸引用户的重要因素。注重服务品质的用户宁愿支付更高的价格，也要确保得到良好的服务体验。例如，高端汽车用户更倾向于选择服务优质的经销商保养汽车。

（4）从品牌价值角度

品牌价值体现了产品的服务、品质和口碑。很多用户在选择产品时会优先看知名度和信誉度。例如，提到冰箱，用户可能会想到海尔；提到计算机，则可能想到联想、苹果等品牌。

在设计产品卖点时，创作者可以综合考虑以上 4 个方面。明确卖点后，需要借助宣传文案、短视频、图文等各种方式进行重点宣传。一个好的卖点要能够直击用户的痛点，以提升产品的吸引力。

4.2.3　确定产品定价

在确定产品价格时，创作者需要从多个维度进行综合考虑。

（1）成本加法定价

全面核算产品成本，包括材料费用、采购费用及人工成本等。产品的基础价格应该能够覆盖这些成本。

（2）竞争定价

参考竞品的价格设定产品价格，以确保产品价格与市场价格相符。如果产品价格远高于竞品，且没有显著的优势，那么销售可能会面临困难。因此，创作者需要通过各种渠道了解竞品的价格，并以此为参考设定产品价格。

（3）市场定位定价

考虑现有产品定价情况，以免新产品对旧产品的销售造成不利影响，同时根据库存情况调整价格策略。例如，如果目前主推产品定价为 3000 元，而新推出的同类产品定价过低，就可能会对主推产品的销售造成冲击，导致库存积压。

（4）价值定价

根据目标用户群体的消费习惯和消费水平设定产品价格，以确保产品定价符合目标用户群体的购买能力和预期。不同的目标用户群体有不同的消费能力和消费观念，因此需要根据目标用户群体的特点设定产品价格。

（5）个性化定价

面向 B 端的产品可以根据用户规模和需求制定个性化报价，面向 C 端的产品可以根据产品类型（如广告、课程等）制定相应的价格。

在确定产品价格后，创作者需要制作产品报价单。对于面向 B 端的产品，报价可能会根据用户的规模而有所不同。因此，创作者可以制定通用型报价，同时根据用户的具体情况进行个性化定价。而对于面向 C 端的产品，价格通常会比较明确。创作者可以根据不同的产品类型，如广告或课程，制定相应的价格表。例如，对于广告类产品，创作者可以明确不同类型广告的报价；对于课程类产品，创作者可以根据课程的类型和内容设定不同的价格。这样，当广告主或学员咨询时，创作者可以直接提供明确的报价。

4.2.4　设计产品宣传文案

当创作者完成了产品的开发，并明确了产品的卖点、价格及服务内容后，接下来就需要将这些信息转化成系统化的产品宣传文案。这样做的目的是便于与用户沟通，提供详尽的产品信息并助力销售过程。

设计产品宣传文案的步骤如下。

（1）明确产品信息：要全面了解产品的卖点、价格及提供的服务内容。这些信息是设计宣传文案的基础。

（2）制作 PPT 演示文稿（针对面向 B 端的产品）：包含产品的详细介绍，强调产品的功能和特性；展示成功案例，以证明产品的实用性和效果。

（3）编写技术白皮书或产品说明书（针对技术型或 IT

类面向 B 端的产品）：从技术角度深入阐述产品的特性和优势；提供详尽的技术细节，供用户的技术团队参考。

（4）设计产品彩页（适用于面向 B 端和 C 端的产品）：彩页内容要简洁明了，包含产品介绍、规格、卖点和优势；设计要吸引人，以便快速传达产品的核心价值。

（5）制作产品海报（针对面向 C 端的产品）：强调产品的介绍、提供的服务、价格及服务周期等信息；海报设计应具有吸引力，能够快速抓住用户的注意力。

（6）制作视频版本的产品介绍（适用于面向 B 端和 C 端的产品）：展示产品的使用方法、购买产品能得到的益处及价格等信息；视频要生动有趣，能够吸引用户的注意力。

（7）保持一致性：在所有宣传材料中，确保产品信息、卖点、价格等关键信息的一致性，避免给用户或消费者造成混淆。

（8）强调用户价值：在文案中突出产品如何解决用户的问题或满足他们的需求，以及购买产品能得到的具体益处。

通过以上步骤，创作者可以系统地设计出针对不同用户群体的产品宣传文案，有效地传达产品的核心价值，并推动销售过程。

4.2.5　确定产品销售目标

在卖点设计、产品定价和宣传文案设计都完成后，创作者需要明确产品的销售目标。这不仅是驱动销售的动力，也是后续内容运营和市场策略的重要指导。

企业通常会设定一个全年的销售目标。这个目标的设定并非凭空而来的，而是基于前一年的销售业绩，结合成本、市场增长趋势等多方面因素进行综合考量的。例如，如果第一年完成了 1000 万元的销售额，那么根据企业的增长预期和成本控制，第二年的销售目标可能会定在 1500 万 ~ 2000 万元。

销售目标的确定应与创作者的内容运营紧密相连。一旦创作者设定了全年的销售目标，就需要将其拆解到每个季度，甚至每个月的具体销售目标。这样做的好处是创作者能更清晰地了解每个时间段的销售任务，从而调整运营策略以达成目标。

> **案　例**
>
> 假设全年销售目标是 1000 万元，那么平均每个季度的销售目标就是 250 万元。接下来，创作者需要分析现有的用户基础是否能够满足这个季度的销售目标。如果现有的用户基础无法满足，那么创作者就要寻找新的用

户来源。这时，创作者可以考虑通过销售团队的努力寻找新的潜在用户，或者通过短视频、直播等新媒体方式进行引流，吸引更多的新用户。

在这个过程中，视频运营的策略和内容要根据产品销售目标来确定。创作者不能在产品设计还未完善时就开始盲目地运营账号，否则可能会导致后续运营方向与销售目标不符，从而难以持续运营视频号。

现在，越来越多的企业和个人开始利用短视频和直播等方式进行变现。因此，明确销售目标并进行合理的拆解对于明确日常运营的方向和目标达成至关重要。通过这种方式，创作者可以有针对性地制定市场策略，提高销售效率，最终实现销售目标。

4.3 搭建视频号小店，实现产品转化

并不是所有视频在发布时都能带商品链接，开通视频号小店后才可以。视频号小店是视频号团队为商家提供商品信息展示、商品交易等功能的技术服务，全方位支持商家在视频号场景内开店经营。

4.3.1　开通视频号小店的准备工作

开通视频号小店的流程：提交商户信息，验证账户，签署开店协议，提交门店信息，开店成功。

开店前需要准备以下材料。

（1）视频号

目前仅支持使用身份证认证的视频号开启视频号小店。

（2）经营信息

包括营业执照、经营者或法定代表人身份证信息。

（3）类目申请

视频号小店共开放超过 2000 个类目，一级类目包括宠物生活、厨具、家用电器、手机通信、数码、计算机和办公、服饰内衣、鞋靴、个人护理、母婴、美妆护肤、家纺、家居日用、家具、家庭清洁和纸品、家装建材、工业品、汽车用品、玩具乐器、运动户外、箱包皮具、酒类、食品饮料、钟表、农资园艺、生鲜、二手、生活服务、图书、艺术品、教育培训。详细信息可参考微信官方文档。

注册店铺操作可在手机端和 PC 端完成，具体开店流程可阅读微信官方文档。

4.3.2　视频号小店商品管理

（1）登录视频号小店，进入"商品管理"模块，选择"新增商品"，如图4-2所示。

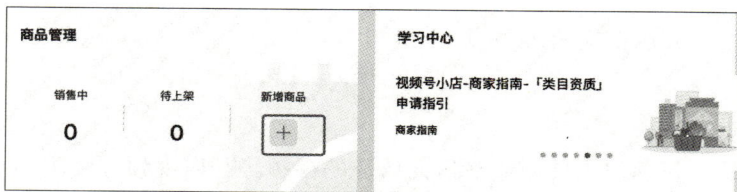

图4-2　新增商品

（2）选择类目信息，以上传女装牛仔裤商品为例，如图4-3所示。

图4-3　选择商品类目

（3）进入商品编辑页，设置商品标题、商品描述、商品品牌、商品图片和视频等信息，如图 4-4 所示。

图 4-4　商品编辑页

在设置商品图片时，一般要找一个好看的背景，最好找专业摄影师团队拍摄。不过，现在可以使用 AI 工具设置图片的背景，只要上传实物图，很快就能生成出色的商品图，像美图秀秀、稿定设计等软件都支持这个功能。

创作者在写商品描述时，如果感觉自己的文采不好，可以将关键词发给文心一言等 AI 工具，输入指令如"请帮我生成牛仔裤的商品描述，特点是面料舒适、复古、经典"等，AI 工具只花几秒钟就可以生成商品宣传文案。

（4）在视频号平台上传商品需要缴纳类目保证金，每个商品类目的保证金不同。保证金余额不足会出现上传保证金的提示，如图 4-5 所示。

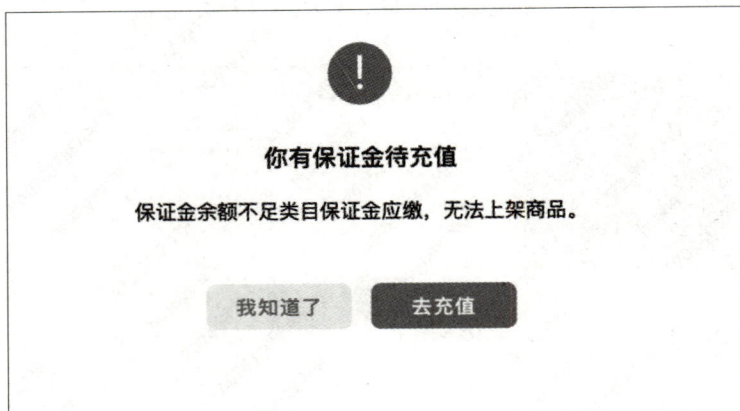

图 4-5　保证金充值提示

　　点击"去充值"，进入保证金充值页，输入充值金额，如图 4-6 所示。

图 4-6　保证金充值页

4.3.3　发布视频时添加商品

添加完商品后，在直播或发布视频时可以选择添加的商品，进行带货。此处以发布视频时添加商品为例，操作步骤如下。

（1）进入发布视频页，点击"链接或商品"，如图 4-7 所示。

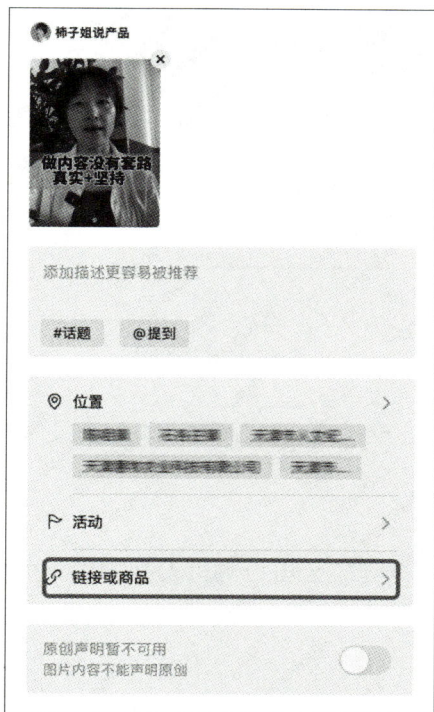

图 4-7　关联商品入口

（2）进入链接页，选择"商品"，如图 4-8 所示。

图 4-8　选择商品

（3）选择已经上架过的商品，以过去上架的图书为例，如图 4-9 所示。

（4）发布视频后，用户可以看到视频下方的商品链接，如图 4-10 所示。

图 4-9　选择添加的商品

图 4-10　商品链接

（5）创作者可通过"创作者中心"—"数据概览"查看每期视频的商品数据，通过商品数据分析视频的转化情况，如商品爆光次数、商品点击次数、成交订单数、成交金额等，如图4-11所示。

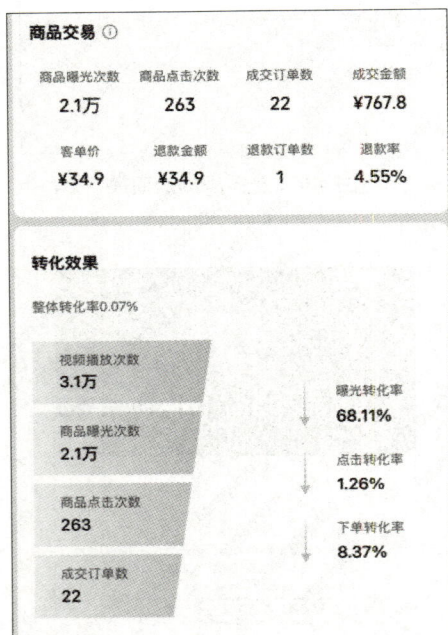

图4-11　商品数据

如果创作者发布的视频带商品链接，系统一般会进行审核。如果审核不通过，可能涉及以下违规行为。

（1）商品和视频内容无相关性，属性相斥，内容生拼硬凑。

（2）夸大、虚假宣传商品功效，在无事实依据的基础上与其他同类商品进行功效对比。

（3）利用卖惨等情绪煽动性内容、"小剧场"售卖商品。

（4）在无授权的情况下使用公众人物形象推荐、售卖商品。

（5）基础内容质量差，音画不全或不相关。

（6）内容引人不适、猎奇。

（7）宣传伪科学或售卖违禁品。

（8）违反广告法，内容存在恶意竞争，使用禁用词或夸张性描述，误导用户。

（9）伪平台推荐，内容中有效果保证承诺，如"10 天消灭小肚子"等。

若出现以上违规行为，系统会进行限制，使视频无法获得更多流量。

第 **5** 章

实体企业通过视频号
进行业务转型

2024 年 5 月，我参加了第 14 届中国（永康）国际门业博览会，在与一些厂商交流时了解到，他们很想找到营销突破口。我在参会的这几天参观了几家工厂，了解他们做产品的流程。与互联网行业做产品完全不一样，实体行业做一件产品更难。在互联网行业，如果发现产品有问题，可以迭代修复。而在实体行业，一个产品没做好，就要重新做，有些原材料就浪费了。

这些厂商专注于做产品的精神值得学习，他们做产品的设计、生产、安装环节很精细，都力争做有特色的产品。他们有好的产品，却没有好的营销渠道，缺少让更多用户看到的方法。自 AI 兴起，很多创业者开始做 AI 方面的业务，他们在想如何通过 AI 解决各行业的问题，提出了"AI+ 内容创作""AI+ 人力资源""AI+ 财务"等新业务模式。而面临这样的时代，实体行业从业者需要转变思想，提升认知，利用自己有供应链、有产品、有客户积累的优势进行转型。

本章将重点讲述实体行业如何通过视频号进行转型，并分享一些实际案例。我希望实体行业从业者能够通过本章的实操指导，成功实现业务的转型与升级。

5.1 实体企业面临的困境与破局

从这几年接触的很多实体行业从业者来看，实体企业是非常需要通过视频号提升业绩和品牌知名度的。那么，实体企业面临哪些困境，又该如何破局呢？本节通过介绍实体企业在营销中面临的困难、线上线下融合的商业趋势、视频号对实体企业的价值，为实体行业从业者业务转型提供新的思路。

5.1.1 实体企业在营销中面临的困境

实体企业在向互联网营销和销售模式转型的过程中，会面临多方面的挑战和困境。以下是实体企业在转型路上所遇到的问题。

（1）思维和认知的局限

在当前的商业环境中，许多实体企业仍然停留在传统的经营模式和思维中，其销售途径主要依赖传统的渠道和经销商。有些具有前瞻性的企业通过淘宝、京东、美团等将产品上架至各大网络营销平台，但随着短视频平台的迅速崛起，用户的购买习惯已悄然发生改变。

近年来，抖音、小红书等短视频平台的兴起不仅改变了用户的娱乐方式，而且重塑了用户的购买习惯。越来越多的用户通过内容平台获取产品信息，并在短时间内做出购买决策。这使传统实体企业面临新的挑战：如何在新的营销平台上占有一席之地？

企业需要掌握更多的技能，如短视频制作、直播技巧等，才能在内容平台占有一席之地。同时，企业还需深入了解平台的推荐规则，以确保视频内容能够得到足够的曝光。

抖音、视频号、小红书等平台各有其优点和局限，一个运营逻辑往往难以适应所有平台。这要求实体行业从业者必须精准定位目标平台，并根据平台特性制定相应的营销策略。

（2）缺乏线上运营人才，组织架构需要重构

以我原来就职的汽车之家为例。在产品设计过程中，我发现汽车厂商或经销商对业务的需求不再停留在广告层面，还要求提供更深入的服务，如引流目标购车客户到店等。为了满足这些需求，汽车之家从传统车企招聘具有汽车行业背景的人才，以便了解车企的痛点，孵化出对车企更有价值的产品。

传统实体行业要想通过互联网实现业务升级，需要重点培养相关的互联网人才。在管理过程中，企业的工作习惯、

工作内容及沟通方式等都需要进行相应的调整。有些企业在搭建内容团队时会遇到很多问题，如招人时需要招什么样的人、做内容需要几个人、在团队管理时各个角色如何分工等。在线上团队组建初期，从组织架构、企业文化等方面，企业要有一个适应期，以便发现问题及时调整，慢慢打磨出一支具有竞争力的团队。

5.1.2　线上线下融合的商业趋势

屈臣氏等品牌店在用户购物结束后，导购会热情地邀请用户添加企业微信。这个举动其实预示着现在的商业模式正逐渐从纯线下转向线下与线上结合。

当用户添加企业微信后，导购会向用户介绍如何通过线上下单，享受便捷的快递服务，店里有优惠券时也会发给用户。添加屈臣氏导购的企业微信如图5-1所示。这给时间紧迫或喜欢待在家的用户提供了极大的便利。我平时购买化妆品就会通过企业微信联系导购。通过线上链接下单，我不仅节省了时间，还获得了与商场价格和质量相同的产品，购物变得更加高效。

大型商场和机构已经率先采用了这种线上线下融合的模式，实体企业也可以通过线上与线下结合的方式运营，让员

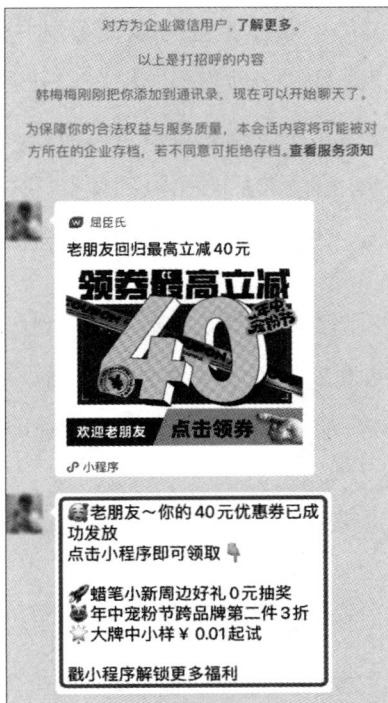

图 5-1　添加屈臣氏导购的企业微信

工通过企业微信维护客户关系。即使员工离职，企业微信上的客户关系依然能够保留在店内，大大降低了客户流失的风险。

　　值得一提的是，企业微信等产品在功能上不断迭代，与视频号、公众号等平台的联动也日益紧密。微信团队在规划产品时充分考虑了商家的实际业务流程和需求，致力于打造完整的商业生态。

在这个生态中，实体企业可以充分利用社群、企业微信、视频号、公众号等多种工具，根据业务需求进行灵活运营。无论是通过图文还是视频直播，都能让更多用户了解实体企业的产品。内容发布后再引流到社群，老用户也能及时看到更新的内容。

这种线上线下融合的模式形成了一个良性循环，为实体行业带来了新的发展机遇。实体企业应积极拥抱这个趋势，通过探索更多的可能性，为自身发展注入新的活力。

5.1.3 视频号对实体企业的价值

视频号对实体企业的价值主要体现在以下几个方面。

（1）品牌宣传的新窗口

视频号相当于一个动态的企业展示平台，能够实时更新并展示企业的最新动态。与传统的图文宣传相比，视频号以更生动、直观的视频形式呈现企业信息，更新频率更高，能够让用户及时了解企业的最新信息，有助于提升企业的品牌形象，并增强用户对企业的了解和信任。

（2）在吸引新用户方面表现出色

在短视频时代，用户更倾向于通过观看视频来获取信息。企业通过运营视频号，可以展示自己的产品、服务及企业文化，从而吸引潜在用户的关注。而且，由于视频号具有社交属性，用户还可以将感兴趣的视频分享给朋友，进一步扩大企业的影响力。

（3）有效提升老用户复购率

通过视频号持续更新优质内容，企业可以不断激活老用户，并增强他们对品牌的忠诚度和信任感。这有助于提高老用户的复购率，促进企业的持续发展。

（4）展示企业家个人 IP 的重要平台

视频号为企业家提供了一个展示自己创业经历、工作过程、心得感悟、行业见解等内容的平台，有助于建立企业家个人品牌，并可能给企业带来更多的合作机会和资源。例如，雷军通过在社交媒体平台积极展现个人形象和专业见解，成功地将其个人 IP 与小米品牌紧密结合，提升了品牌知名度和用户黏性，展现了企业家个人 IP 的价值。

5.2　实体企业运营视频号的策略

实体企业拥有稳定、持久的业务优势，积累了忠实的用户。视频号作为新兴的社交媒体平台，为实体企业提供了一个全新的运营模式。然而，运营视频号并非简单地复制传统业务模式，而是要根据平台特性与用户特点制定专门的运营策略。本节将深入探讨实体企业在运营视频号时的策略。通过本节的学习，实体企业将能够更清晰地了解如何结合自身的业务特点，有效地在视频号平台上进行内容创作、用户互动与品牌推广，从而实现高效变现。

5.2.1　挖掘企业文化与产品故事

每家企业都有自己独特的文化和故事，这些可以通过视频号以视频的形式生动展现。例如，可以拍摄采访创始人的视频，讲述企业文化和创业初心。这样的内容不仅能够增加用户的信任感，还能帮助企业更深入地理解自己的产品和服务。

例如，某企业创业 10 周年这一天，三位创始人在视频号平台直播，当天直播的主题内容是"创业 10 年的怕与爱"。通过 4 小时的直播，三位创始人向用户讲述了创业合伙人如何维系长久关系等创业故事。我看到以后被他们三人的创业故事感动，因为创业者能遇到对的合伙人是可遇不可求的。三人的创业故事让用户更加了解他们的品牌，我看到不少朋友在微信朋友圈转发他们的创业故事，这也是在为企业做宣传，又一次在用户心中加深了品牌印象。

为能更好地梳理和展现自己的故事，我整理了一个写企业创业故事的模板。创始人可以按照这个模板写出自己的故事。

- 企业介绍
✓ 企业名称及主要业务。
✓ 创业的原因或动机。

- 创业起步
✓ 简述创始人或团队背景和专长。
✓ 提及初创时期的困难和挑战。

- 成长历程
✓ 列举几个企业在关键时期的里程碑事件。
✓ 简述企业如何应对市场变化和竞争。

- 现状与目标
✓ 简要描述企业目前的经营状况和主要成绩。
✓ 展望未来，提出企业的发展目标和愿景。

- 总结
✓ 总结创业经历。
✓ 强调企业的核心价值。

5.2.2　产品与品牌结合

实体企业已经拥有了成熟的产品，因此，通过短视频营销，其主要目标是为产品吸引新的潜在客户，提升品牌影响力，以及获取同行业客户资源或寻求合作机会。

基于上述 3 个目标，企业可以从以下 3 个方面规划视频内容，此处以一周发布 5 期短视频内容为例。

（1）产品展示与介绍

企业可以安排 2 期内容专门展示产品，包括产品的详细介绍、新产品的发布，以及产品的新功能等。这些内容能够直观地展示产品的特点和优势，吸引潜在客户的关注。

（2）品牌宣传与活动

再安排 2 期内容从品牌的角度出发，分享企业的最新动态，如参加行业展览、博览会等活动，或者展示企业近期取得的成果和获得的证书。这些内容有助于建立并提升品牌形象，增强客户对企业的信任感。

（3）合作与招商信息

最后 1 期内容可以专注于合作和招商信息。如果企业正在寻找经销商或合作伙伴，可以通过视频传达这个信息。视频内容可以是企业创始人或实体行业从业者对产品的讲述，也可以是员工对产品的宣传和讲解。内容形式灵活多样，可以根据企业的实际情况和人员组织灵活安排。

通过内容策划，视频号将从多个维度全面地展示企业形象，吸引精准的潜在客户和合作伙伴。同时，针对产品的介绍能够让客户更加了解产品的特点和功能，满足他们的需求。而品牌宣传和活动的内容则有助于建立信任，提升品牌形象。通过合作和招商类的视频，能够更有效地找到潜在的合作伙伴，促进企业的全面发展。

综上所述，在规划视频号内容时，企业应注重内容的多样性和丰富性，不仅要关注产品的展示和介绍，还要加强品牌宣传和合作信息的发布，从而全方位地展现自身形象，吸引更多的潜在客户和合作伙伴。

5.2.3　公众号与视频号结合运营

前文深入探讨了视频号的运营策略。然而，要想取得更好的效果，我们不能忽视与视频号紧密相连的另一个重要平台——公众号。尽管有些用户认为公众号流量在下降，但仍有一部分用户喜欢看文章，很多运营多年的公众号发布的文章仍有可能获得 10 万次以上的阅读量。创作者将创业故事发布到公众号上，能够让用户更全面地了解企业。视频号与公众号之间的无缝对接，为品牌和用户提供了一个更加全面、多维度的互动空间。

当用户观看创作者的视频时，他们可以通过点击头像旁的公众号标识，直接跳转到创作者的公众号并关注。这种跨平台的引流方式不仅有助于提高品牌的曝光量，还能促进用户转化。作为一个长图文内容平台，公众号能够承载更多详细、深入的信息，这是短视频无法替代的。

随着时间的推移，公众号上积累的内容会越来越丰富，形成一个宝贵的内容库。当用户通过视频号进入公众号后，他们可以在这里找到更多有价值的信息，从而更加深入地了解企业的品牌和产品。这种视频与图文相结合的方式为用户提供了一种更加全面的品牌体验。

对于实体行业从业者来说，公众号不仅是一个展示品牌形象的窗口，更是一个促进业务转化的有力工具。创作者可以在公众号中嵌入小程序，将产品直接展示给用户，实现销售转化。同时，公众号也可以与视频号小店的小程序关联，形成完整的销售闭环。

2.2.4 节已经介绍视频号与公众号如何关联，接下来介绍运营公众号时的注意事项。通过掌握这些实战技巧，创作者将能够更好地利用公众号与视频号的协同效应，达到最佳运营效果。

（1）公众号类型的选择

在选择公众号类型时，创作者需要明确自己的运营目标和用户需求。订阅号和服务号是两种主要的公众号类型，它们各有特点和适用场景，3.3.2 节已经介绍了订阅号与服务号的具体区别，一般注册订阅号即可。

（2）公众号的创建与运营注意事项

在创建公众号时，创作者需要选择有吸引力的名称和头像，最好与视频号平台的名称和头像保持一致。在运营过程中，创作者要保持图文内容的质量和更新频率，同时要注重与用户的互动和沟通。此外，创作者还可以通过数据分析来优化内容策略和用户体验。

（3）公众号发布文章的步骤

在发布文章之前，创作者需要进行充分的内容策划和准备。首先，要确定文章的主题和核心观点；其次，要撰写吸引人的标题和导语；最后，要合理安排文章的结构和内容，确保将信息清晰、有条理地传达给用户，具体步骤见 3.3.3 节。发布后，创作者还可以通过数据分析评估文章的表现和用户反馈。

（4）公众号运营的注意事项

在运营公众号时，创作者要注意遵守平台规则和相关法

律法规，避免违规行为带来的风险。同时，创作者要关注用户需求和反馈，及时调整内容策略以满足用户需求。此外，创作者还可以利用其他营销手段如合作推广、活动策划等提升公众号的知名度和影响力。

5.2.4 私域与视频号结合运营

前文已经阐述了结合私域进行视频号运营的重要性，对于实体行业从业者而言，其已经积累了很多忠实用户，但有些实体行业从业者并没有将这些用户充分利用起来，甚至连用户社群都没有建立。运营视频号一定要配套私域社群，发布内容后可以先转发到社群中，让社群的老用户能够看到产品和服务是在不断迭代的，增强其对产品和服务的信心。

私域运营的核心要点

（1）用户匹配与目标定位

在进行私域运营时，首要任务是确保所选择的用户群体与产品的目标用户高度匹配。以智能家居行业为例，目标用户应锁定在对智能家居服务有需求的业主。社群的用户应具备相关的家居家装需求，避免将不同需求、不同标签的用户混在一起，影响后续的转化率。同时，根据用户的不同阶段，如潜在用户和已购买用户，可以划分不同的社群。因为他们的需求和关注点不同，运营策略也要相应调整。在社群

166

建立之初，就应明确运营目标是为了吸引新用户还是激活老用户。

（2）规章制度设立

随着社群的不断发展，成员数量会逐渐增多，这时规章制度的设立显得尤为重要。规章制度能够规范社群成员的行为，如禁止发布广告等，从而保持社群的秩序和用户体验。有序、规范的社群环境对于提升用户黏性和活跃度至关重要。

（3）专人负责运营

私域运营工作需要安排专人负责。负责人应密切关注社群运营的各项关键指标，如每日入群人数、转化率等，并及时收集用户对产品和售后的反馈。通过社群运营，创作者不仅可以获取新用户，而且能通过用户的真实反馈优化产品和服务，提升用户满意度。

（4）内容发布计划

为了保持社群的活跃度和吸引力，制定每日内容发布计划是必不可少的。内容可以包括早晨的问候、中午的产品更新或行业信息分享、晚上的互动话题等。精心策划的内容可以让社群成员保持较高的参与度和黏性。

（5）复盘与效果评估

负责社群运营的人员需要每天进行复盘工作，通过多维度数据（如社群活跃度、新增用户数、订单转化率等）全面评估社群运营的效果。社群运营在视频号生态中占据重要地位，它能够帮助视频内容获得更多曝光量和提升互动率。同时，社群也是推广产品、活动和服务的重要渠道。创作者必须充分认识到社群的价值并投入足够的精力进行运营和管理，以获取用户对产品、服务及品牌的真实反馈和宝贵建议，从而为优化产品和服务提供有力支持。

社群运营中常见的问题

（1）个人微信与企业微信的区别

个人微信与企业微信的区别如表 5-1 所示。

表 5-1　个人微信与企业微信的区别

对比项目	个人微信	企业微信
服务主体	普通用户	各企业管理人员
好友上限	默认上限 5000 人	认证后，上限 50000 人
朋友圈功能	无限制，可发布多种内容	有限制，每名客户每个自然日最多展示 1 条内容，每月最多展示 4 条内容
群聊功能	上限 500 人（需验证或实名认证）	内部群聊上限 2000 人，外部群聊上限 500 人
消息群发	次数无限制，单次最多 200 人	单个客户一周内限 1 次，但人数无限制
添加好友权限	通过"加我为朋友时需要验证"功能控制	需先获得企业微信认证，管理员开通添加权限

（续表）

对比项目	个人微信	企业微信
安全性与权限控制	基于个人使用习惯，缺乏企业级控制	提供高安全、数据加密和精细化的权限控制
功能与应用	主要为社交和沟通，支持文字、语音、视频聊天和朋友圈等功能	除社交和沟通功能，提供企业通信录、组织架构管理、审批流程、任务管理等功能，并支持与其他企业应用集成

　　我建议实体企业使用企业微信，因为企业微信的商业性质更强，为企业提供了更多的办公应用，可以解决企业办公的问题；而个人微信则更偏向于满足个人生活和社交需求。

（2）社群每天可以发的内容

　　实体企业可以开展一些活动让用户加入社群，也可以让线下的用户加入社群。如果实体店有导购人员，可以让导购引导用户加入社群。用户加入社群后，创作者需要设计社群的标准操作规程（Standard Operating Procedure，SOP），不能只拉群而没有运营动作。每天可以发以下内容。

- 清晨问候语、行业动态。
- 专业知识。
- 公众号文章、视频号内容。
- 商品链接、优惠活动。
- 用户问题答疑。

- 节日问候。
- 直播预告、直播链接等。

（3）企业微信与视频号绑定

创建企业微信账号后，在 PC 端和手机端都可以绑定视频号，下面以手机端操作为例。

登录企业微信，进入企业微信的工作台，点击"客户联系"，如图 5-2 所示。

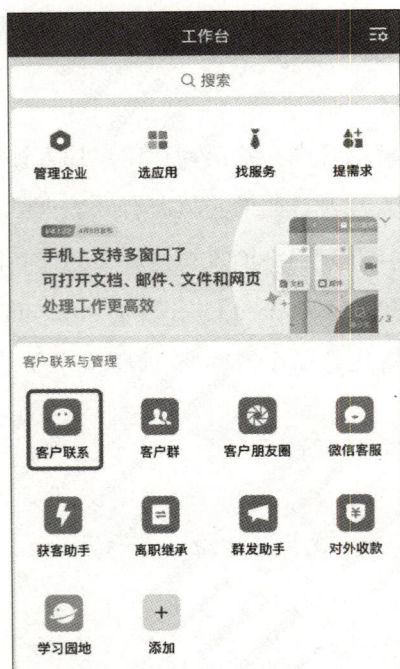

图 5-2　客户联系入口

在"工具"栏中选择"视频号",如图 5-3 所示。

图 5-3　视频号入口

输入绑定的视频号名字,即可绑定视频号,如图 5-4 所示。1 个企业微信可以绑定多个视频号账号,1 个视频号账号仅支持被 1 个企业微信绑定。

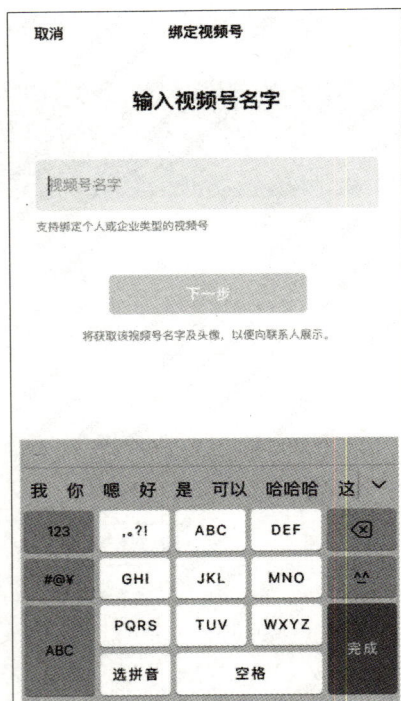

图 5-4　绑定视频号

5.3　实体企业通过视频号提升销售业绩的方法

　　前文已经深入探讨了视频号对于创作者的价值，本节将聚焦于实际操作层面，阐述实体企业如何利用视频号提升销售业绩。

5.3.1　视频号直播带货的实操与案例

视频号常见的变现模式有电商带货、知识付费等。实体企业销售的都是自有产品，大多数实体行业从业者可通过视频号提升销售额或线索量。

以广州一家专做女鞋的工作室为例，视频号账号是"念苏手工女鞋品牌店"，主理人是 Sue。她在自己做品牌前积累了多年做女鞋的经验，她的品牌特点是"为精致、优雅、舒适而生"。自 2023 年 5 月开始，该工作室选择仅在视频号平台做直播。经过一年多的时间，该工作室在营业收入、投入、利润率及团队磨合等方面都已达到一个较为健康的状态。

接下来，我将详细介绍该工作室通过视频号直播带货的流程。

"念苏手工女鞋品牌店"主要是做直播的账号，注册主体是公司，通过账号的头像、简介等信息能够让用户感知到品牌的风格是以舒适、优雅为主，同时能让用户感受到这是一家有品质的鞋店，账号主页如图 5-5 所示。视频内容是以主理人 Sue 拍摄的短视频为主，分享一些皮鞋保养技巧等知识。

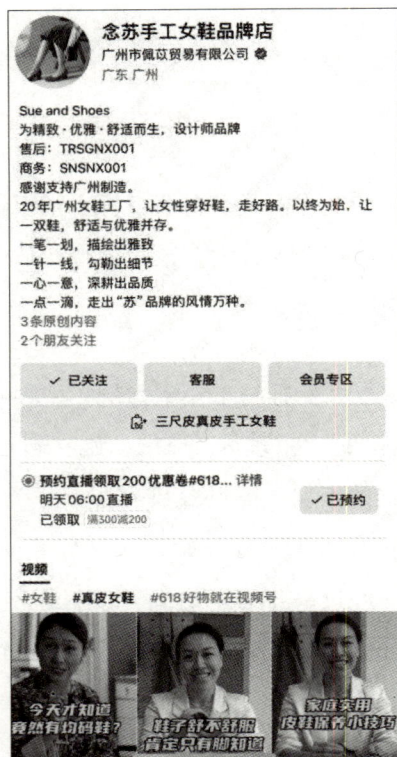

图 5-5 "念苏手工女鞋品牌店"账号主页

  另外，Sue 还运营"改鞋的小苏"这个账号，账号主页如图 5-6 所示。这个账号的定位是做高端改鞋，Sue 说改鞋是自己的爱好，每期视频都是在为自己的爱好做事情。因为这个账号的内容质量高，Sue 和我分享时账号粉丝已经有 2 万多人了。这个账号除了能够为用户提供改鞋服务，也为用户提供了一定的价值。所以，这个账号是很有变现潜力的，

图 5-6　"改鞋的小苏"账号主页

变现重点是如何设计产品和定价的商业模式。

（1）开通视频号小店及上架商品

上架商品前需要开通视频号小店，并按照流程交纳保证金，以便进行直播带货。Sue 的账号主要是经营皮质女鞋，视频号小店中上架的都是真皮手工女鞋，如图 5-7 所示。她的团队有供应链，品质有保证且是设计师品牌，因此在产品

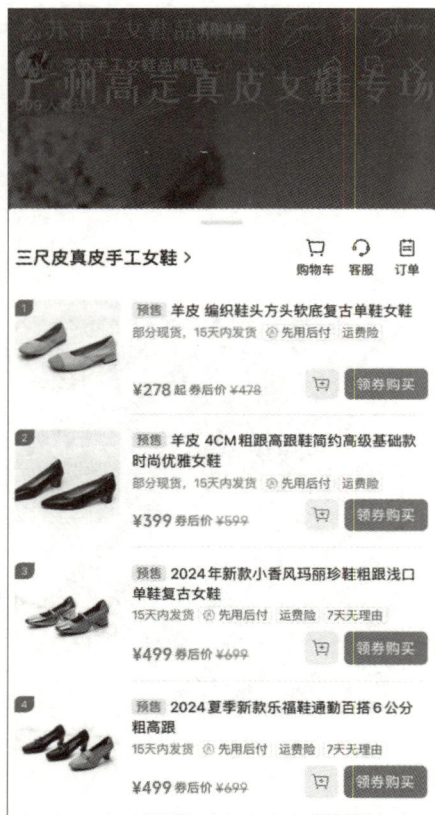

图 5-7　上架的商品列表页

方面具有独特优势，鞋子的销量和口碑都很不错。对于实体企业而言，自己的产品和供应链是宝贵的资源。所以，创作者在选择产品时可以考虑哪些产品适合在视频号上销售，哪些适合在线下门店销售。

（2）准备直播

直播人员可以根据实际情况来定，可以是经营者亲自直播，也可以让员工或专业主播直播。Sue 和我讲她的团队现在是上午 6:00—10:00、晚上 8:00—12:00 两个时间段直播，上午和晚上是不同的主播，每场直播有主播与中控两位人员。主播需要熟悉直播全流程的话术，引流、塑品、促成交等都由主播完成，中控主要是配合主播进行直播。每个直播团队在开始时都是比较困难的，需要有一个磨合的阶段。每个直播团队的 SOP 也不固定，需要根据团队特点总结。另外，在直播过程中，主播需要保持饱满的精神状态，与用户进行良好的互动。同时，主播需要注意产品的展示和用户的提问，选择合适的时间点与用户互动和发放优惠券。

（3）直播复盘

每次直播后需要进行复盘总结，记录用户下单情况、用户关注情况及进入直播间的人数等数据，从而分析如何优化直播策略。Sue 分享她的团队现在一场直播的目标商品交易总额（Gross Merchandise Volume，GMV）是 2 万 ~ 3 万元，但近期总出现上午流量好、下午流量差，下午流量好、上午流量差的情况。2024 年 5 月以来，每天的 GMV 大概是 3 万 ~ 3.5 万元。她的团队上架的是常规品类，用户有一定的复购率。在同行中，他们的复购率相对较高，基本可以做到

10% 左右的用户加入私域。

（4）留资组件服务

　　有些实体行业的商品不适合线上交易，如房产、汽车等大型商品，创作者运营视频号的目标是获取更多销售线索。这时，创作者可以使用视频号的"留资服务"功能。开通后，主播可以将留资组件推送到直播间，以收集观众资料、促进后续交易。但留资服务需要相应的资质才能创建和使用，资质材料与选择的资质有关。例如，我选择的资质是"汽车试驾—经销商"，需要上传的资质材料有主体营业执照、汽车品牌商标证书、商标使用授权文件，或入驻主体与汽车品牌主机厂签订的授权销售文件及线下 4S 店的 3 张实拍照片等，如图 5-8 所示。

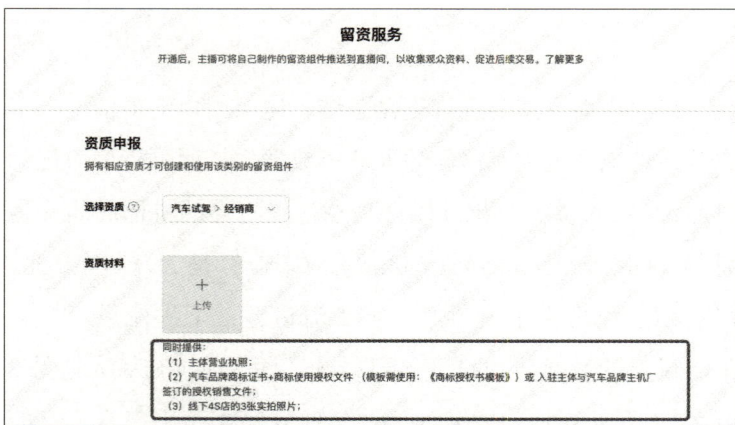

图 5-8　留资服务页

5.3.2　优惠券、团购等促销活动的运用

我在公司做产品经理时，做业务常用到的方法就是给客户准备一些福利，如设置优惠券、组织团购等。创作者在运营视频号时，同样可以利用优惠券功能，让用户在直播间下单时可享受优惠。那么，具体该如何操作呢？

创作者可以在视频号助手后台的"营销中心"页面设置优惠券、闪购及平台活动等，如图 5-9 所示。

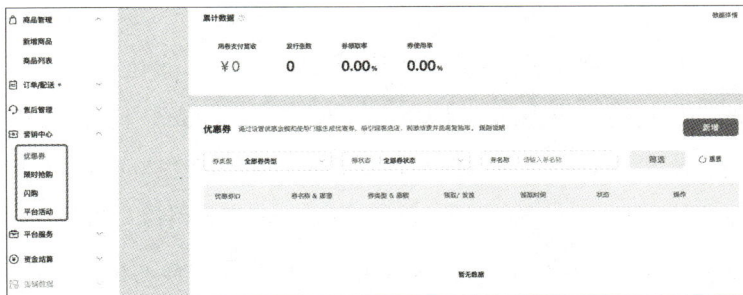

图 5-9　"营销中心"页面

设定好优惠券的面值和其他相关信息后，创作者在创建直播时可以选择与这些优惠活动进行关联，用户在购买商品时就可以使用这些优惠券。视频号助手后台的活动类型有很多，如商品满减券、商品折扣券、商品直减券、店铺满减券等，如图 5-10 所示。创作者可以根据自己的业务情况选择合适的活动。同时，创作者还可以将活动内容制作成活动海

报，以便让用户了解店铺最近的活动。

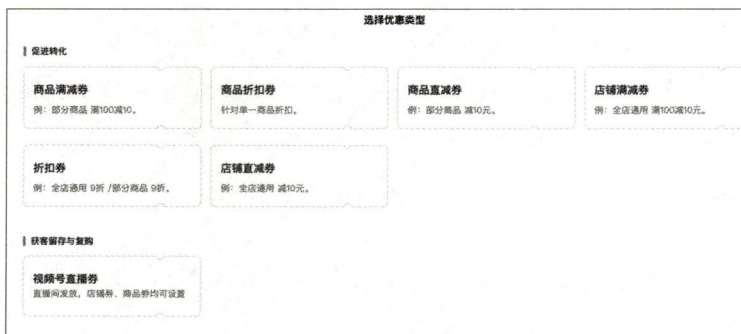

图 5-10　选择优惠类型

　　此外，创作者也可以组织团购活动。团购的好处在于能激励用户邀请更多的人来购买商品。一旦团购成功，创作者就会提供一定的优惠。在私域运营中，创作者可以在社群详细讲解团购的规则和优惠力度。例如，创作者可以告诉用户，如果 5 个人一起团购某款商品，就可以享受怎样的优惠。

　　在做活动时，创作者需要考虑活动的预算和预估收入，以确保能收回活动成本。创作者不能仅仅为了提升用户体验而做活动，还需要关注投入产出比。

　　以 Sue 的鞋店为例，她的团队每次直播时都会提供优惠券。用户领取优惠券后，在直播过程中就可以使用，如图 5-11所示。这不仅提升了用户的购物体验，还有效地促进了销售。

图 5-11　用户领取优惠券页

5.3.3　线上与线下活动结合

实体企业通常都是以线下活动为主，如何将一个活动做到线下与线上结合，这是很多实体行业从业者要学习的。以下是线上与线下活动结合的具体流程。

（1）明确活动主题、目标及预期收益。

（2）确定线上宣传渠道，如视频号、公众号等，并提前发布内容预热。

（3）筹备线下活动。

✓ 确定并布置活动场地。

✓ 邀请嘉宾，并与嘉宾对接分享内容。

✓ 安排活动流程与彩排。

✓ 准备音箱、话筒等设备。

✓ 安排摄影师全程记录。

（4）活动前 7 天完成所有材料准备工作，并确定在线上推广的海报内容。

（5）活动当天的工作如下。

✓ 提前进入会场进行准备工作，如摆放桌椅、测试PPT 等。

✓ 全程记录活动。

✓ 活动结束后及时复盘总结。

（6）活动结束后通过线上平台转发活动内容，形成二次传播。

创作者可以根据日常运营和实际情况确定活动的频次，定期（如每月）举行活动，以提升品牌知名度和用户黏性。

案例

2024 年 3 月，我组织了自己的第一场线下聚会，如图 5-12 所示。这次活动的主题是"AI 如何在各场景落地"，这个主题是现在很多产品经理都关心的。确定这个主题后，我开始设计活动海报、确定具体流程及场地等，陆续有很多朋友来报名，很快就报满了。

这次聚会，我邀请了 3 位嘉宾，并提前与嘉宾沟通主题和内容大纲。我提前调研了大家想听的内容，希望这是一次有针对性的分享，保证每位参与者都有收获。

每一位嘉宾的分享都很精彩。聚会结束以后，大家都说这种线下交流的氛围特别好，也有很多收获。

图 5-12　线下活动留影

这次活动后，我又做了一期视频，播放量达到了 6.4 万次，如图 5-13 所示。为什么这期视频的播放量这么高呢？因为这期视频发布后，我转发到了活动社群，其中有大家的照片和参加活动的现场视频，大家有参与感，所以都为这期视频点赞。视频号的推荐逻辑是好友点赞多的视频会不断获得流量。通过这个视频，我明白发布新视频后要先在私域曝光，从而获得更多的流量。

图 5-13　活动视频播放量

5.3.4　数据驱动的销售策略优化

在日常运营视频号的过程中，数据的重要性不言而喻。特别是对于创作者来说，每天都需要与数据打交道。然而，创作者在关注数据时应该根据业务目标和销售情况有针对性地进行分析。

在运营视频号时，关注的数据并非一成不变，而是与销售目标紧密相关的。虽然数据能反映一些问题，但它并非万能的，有时只能揭示表象。涉及的产品和业务不同，需要关注的数据也会有所不同。创作者不能盲目地追求关注数、点赞数、评论数和收藏数等表面数据，而是要结合自身的业务情况，理性地看待这些数据。

在实体行业中，创作者常关注的是销售额、意向客户数等数据。而在短视频运营中，创作者需要关注视频的播放量、评论量及由视频转化的订单数量等数据。这些数据可以直观地反映短视频运营的效果。

（1）关注数

关注数代表用户对后续内容有所期待。创作者需要通过提升视频质量和数量吸引用户关注。当用户看到一期感兴趣的视频时，他们可能会点击视频下方的头像，进入账号主页。如果账号主页的封面整洁，而且已经积累了大量与用户兴趣相匹配的视频，那么用户就有可能关注该账号。因此，创作者不能急于求成，应该先增加视频的数量并提升其质量。

（2）点赞数

点赞数代表用户认可创作者的内容，并且也想让他们的微信好友看到。在视频号中，点赞数具有特别的作用，类似于分享功能。用户点赞视频后，其私域的所有好友都能看到该视频，这种裂变效应非常强大。因此，创作者可以把视频的点赞数作为一个重要指标来关注。

（3）收藏数

收藏数代表创作者的内容具有实用价值，用户希望留待以后使用。例如，干货类和技能类视频通常具有较高的收藏量，反映了视频内容对于用户的高价值。

（4）转发数

转发数代表用户对创作者的内容产生强烈共鸣，并希望将其分享给身边的人。如果用户对一个视频非常认可，他们可能会将其转发到社群或朋友圈，让更多好友看到。与点赞有所不同，转发更侧重于用户主动将内容分享给特定的人群。

（5）评论数

评论数表明用户观看后有强烈的互动欲望，无论是对内容的赞同还是反对。在查看评论时，创作者应保持客观，从用户的反馈中寻找改进产品或服务的建议。

总之，在运营视频号时，创作者需要理性地看待各种数据指标，并结合自身的业务情况进行有针对性的分析和优化。同时，创作者需要保持客观的心态，从用户的反馈中不断优化和改进。

在了解了这些数据的作用后，创作者可以针对每次发布的视频进行总结和分析。我建议创作者每周进行一次复盘，记录一周内所有视频的数据，并对数据进行分析。在分析数据时，创作者需要辩证地看待问题，不能只依赖数据来分析所有的原因。例如，有时候流量不错，可能并不仅仅是因为创作者做得对，还可能是因为近期平台给予了较多的流量福利。因此，在分析总结时，创作者需要记录每周做了什么动作、获得了什么样的数据，并从多个维度进行综合评估。复盘模板如表 5-2 所示。

5.4　短视频内容团队搭建与管理

我接触过一些实体行业的客户，他们希望通过短视频提升业绩。在深入交谈中，我得知他们想把内容运营的工

表 5-2 复盘模板

每周新媒体运营数据汇总

线上渠道	是否发布	发布视频数量	关注/用户数	播放量	点赞数	咨询数	成单数	当前问题	如何改进
视频号	是								
抖音	是								
小红书	是								
公众号	是								

作交给外包公司，认为这样做更省事，也不会对现在的组织产生影响。我认为，如果只是想做几期广告，可以找外部机构合作；如果想长期进行短视频运营，最好还是自己组建团队。

企业可以先安排 1 ~ 2 个人专门负责这件事，让他们去学习，有了效果再逐步投入。因为员工与店铺业绩紧密相关，这样制作出来的内容会更贴近业务，而外包公司很难对业务有深入了解。

如果企业想组建专门的短视频内容团队，需要先了解构建一个短视频内容团队所需的关键角色。本节将深入探讨短视频内容团队的构成，包括各个角色的工作内容、岗位要求，以及如何对这个短视频内容团队进行考核。

在互联网公司，尤其像腾讯、字节跳动、百度等一线公司，短视频内容团队的分工非常细致，包括内容生产、拍摄、剪辑等多个专门小组。然而，中小企业或实体店需要以更精简的方式搭建短视频内容团队。

搭建短视频内容团队时可以考虑设置以下 5 个核心角色，其中需要有一个内容运营的总负责人，可以从以下角色中选择。

（1）内容策划人员

内容策划人员负责制定每周发布内容的计划，与负责人对接并确定计划，与短视频内容团队进行分工。该角色需要具备创意思维和市场洞察力，以制定出吸引人的内容策略。

（2）内容制作人员

内容制作人员包括主播和演员。如果是口播类内容，主播是核心；如果涉及剧情类内容，则需要2~3名演员参与。这些人员需要具备良好的表达能力和演技，以便将内容生动地呈现给用户。

（3）视频拍摄剪辑人员

通常需要1~2名负责拍摄和剪辑视频工作的人员，需要熟练掌握相机、灯光等设备的使用，同时能够熟练运用剪映等视频剪辑软件进行视频编辑。在初创阶段，实体店店主或员工可以自行充当拍摄人员，使用手机进行拍摄和剪辑。

（4）内容发布与运营人员

内容发布与运营人员负责审核短视频并发布到视频号平台上，同时考虑是否将视频同步到其他平台，如公众号。该角色需要了解视频号平台的运营逻辑和规则，以确保内容能够有效传播。

（5）数据分析与复盘人员

数据分析与复盘人员负责收集短视频的数据并进行复盘分析，以优化后续内容策略。该角色需要具备一定的数据分析能力，能够从数据中提炼出有价值的信息并为团队提供改进方向。

在团队配置上，以上角色可以根据实际情况进行灵活调整。例如，在初创阶段，一个人可能会兼任多个角色以降低成本。随着业务的发展，团队可以逐渐扩充并明确各个成员的职责分工。

总之，搭建一支高效的短视频内容团队，需要综合考虑企业规模、业务需求及团队成员的能力和经验等因素。只有明确各个角色的职责和要求，并建立有效的考核机制激励团队成员更好地投入工作，才能实现视频号的有效变现。

5.4.1　内容运营团队

内容运营团队主要负责策划每周要发布的内容，并撰写相应的文案。根据运营目标，内容运营团队需要输出精准、吸引人的文案，并将其提供给视频拍摄与剪辑团队。

在内容运营团队初建阶段，如果人员不够充裕，内容运营团队成员可能需要身兼数职，包括策划内容、撰写文案、发布内容，以及对发布后的数据进行复盘总结。这些都是内容运营团队的重要职责。

内容运营团队的具体人数主要取决于业务规模和店铺的实际情况。在业务规模较小或店铺资源有限的情况下，内容运营团队人数可能会少一些，需要内容运营团队成员具备多方面的能力，以应对各种任务。随着业务规模的扩大，内容运营团队人数也可以相应增加，以满足更复杂、更多样化的内容运营需求。

总之，内容运营团队是视频号变现过程中的核心力量，只有其成员具备全面的能力和敏锐的市场洞察力，才能为视频号带来持续、优质的内容输出。

5.4.2 视频拍摄与剪辑团队

视频拍摄与剪辑团队主要负责制作视频内容，需要根据内容运营团队准备好的文案进行拍摄，并进行后期剪辑。如果开展直播活动，这个团队的成员也可能需要担任直播的中控角色。

在初创阶段，为了降低成本，企业可以采取一人多职的策略。例如，一个人可以同时负责内容策划、拍摄和剪辑。

实际上，目前我自己就是这样的全能角色，从内容策划、拍摄、剪辑到发布和运营，全程都是我一人完成。

当然，随着业务规模的扩大，企业可能需要增加团队成员以分担工作。具体的人数配置还需根据发展规模和业务需求来决定。总之，视频拍摄与剪辑团队是视频号变现过程中不可或缺的一环，其专业技能和高效协作是制作出高质量视频的关键。

5.4.3　私域运营团队

在短视频运营上，私域运营团队主要负责社群运营工作，视频号运营的一个重要阶段就是社群运营。在视频号运营中，需要将视频内容与私域流量有效结合。视频发布后，不仅要关注视频在平台上的表现，还要将其推送到社群中，通过社群的反馈优化后续的内容创作。因此，私域运营团队的角色就显得尤为重要。

私域运营团队需要具备专业素养，他们必须了解如何在社群中与用户进行及时、有效的沟通和互动。此外，他们还需要具备热心、利他的品质，避免在社群中传播不良或负面信息。

在选择私域运营团队成员时，创作者不仅要考察他们的专业能力，更要关注他们的性格特点和个人偏好。有些人天生就适合在社群中与人交流，乐于分享和互动，而有些人则可能对此感到不适。因此，在招聘过程中，创作者需要通过面试、测试等方式评估应聘者的性格和适应性，确保他们能够胜任私域运营的工作。

总之，私域运营团队是视频号变现过程中的关键环节，他们的专业素养和综合能力将直接影响社群的活跃度和用户的黏性。因此，在组建和选拔私域运营团队时，创作者需要综合考虑多个方面，以确保团队的整体素质和能力。

5.4.4　团队考核标准建立

虽然实体企业拥有业务和产品基础，但真正的挑战在于如何与现有组织融合，并建立有效的考核机制。为了确保组织的顺畅运转，实体企业需要与员工达成一致，将内容运营纳入日常工作之外的任务。这意味着在进行季度或月度考核时，内容运营的成果也应作为重要的考核指标。

为了激励员工更好地投入内容运营，实体企业还需建立相应的奖励机制。这样的机制在业务转型过程中至关重要，它能有效地提升员工的积极性和参与度。团队的考核模板如表 5-3 所示。

以我在汽车之家进行私域运营的经验为例。私域运营被视为一项战略性的投入，企业自上而下的配合度很高，在推进日常工作时会比较顺利。因为私域运营需要多个团队多方面的综合协作。然而，如果员工对此不理解，或者得不到高层领导的支持，那么仅仅依靠某个业务部门的努力是很难推动私域运营取得成功的。

因此，最佳方式是从上至下认可私域运营，并将其作为企业整体战略的一部分来执行。在考核方面，企业需要思考如何将私域运营的成果与奖金、工资等挂钩，根据团队实际情况进行激励。这样才能确保私域运营在企业内部得到充分的支持和推动，从而实现更好的业务转型和发展。

表 5-3　团队考核模板

指标类型	指标名称	详细描述	分值	自评分	领导评分
关键业绩指标（70分）	制作视频数（10分）	本期拍摄和剪辑视频数	10		
			8		
			5		
			0		
	播放量（10分）	本期发布视频的总播放量	10		
			8		
			5		
			0		

（续表）

指标类型	指标名称	详细描述	分值	自评分	领导评分
关键业绩指标（70分）	完播率（10分）	（完整看完视频的用户个数÷看视频的用户总数）×100%	10		
			8		
			5		
			0		
	新增关注数（10分）	本期关注数−上期关注数	10		
			8		
			5		
			0		
	点赞率（10分）	（点赞量÷播放量）×100%	10		
			8		
			5		
			0		
	转发率（10分）	（转发量÷播放量）×100%	10		
			8		
			5		
			0		
	评论率（10分）	（评论量÷播放量）×100%	10		
			8		
			5		
			0		

（续表）

指标类型	指标名称	详细描述	分值	自评分	领导评分
管理行为指标（30分）	主动性（10分）	一直工作主动且有计划	10		
		主动开展工作	8		
		日常工作无须领导安排，但新任务需要督促	5		
		需要领导不断督促才工作	0		
	沟通能力（10分）	对方提出问题能及时答复并迅速解决	10		
		出现问题不推诿并寻求解决途径	8		
		出现问题不推诿，一般能解决	5		
		出现问题推诿且态度较差	0		
	责任感（10分）	竭尽所能，勇于承担责任	10		
		了解自己的职责并勇于承担责任	8		
		责任心一般，不能主动承担责任	5		
		经常推卸责任	0		
总分